JN357378

근육이 마구 떨리는데
마음의 병이라니!

어느 사회학자 부부의 이상운동증후군 이야기

근육이 마구 떨리는데 마음의 병이라니!

© 심영희·한상진, 2022

초판 1쇄 인쇄 2022년 06월 20일
초판 1쇄 발행 2022년 06월 27일

지은이 심영희·한상진
발행인 한상진
디자인 가보경
펴낸곳 중민출판사

출판등록 제2018-000058호
등록일자 2018년 10월 2일
주 소 서울시 관악구 관악로13길 25, 602호(봉천동, 세종오피스텔)
전 화 02.875.8474
E-mail jmpublisher@naver.com

ISBN 979-11-966142-4-9
값 13,500원

Printed in KOREA
이 책의 저작권은 저자에게 있습니다.
서면에 의한 저자의 허락없이 내용의 일부를 인용하거나 발췌하는 것을 금합니다.

어느 사회학자 부부의 이상운동증후군 이야기

근육이 마구 떨리는데
마음의 병이라니!

심영희 · 한상진

중민
출판사

추천의 글

속담에 병은 자랑하라고 했지만, 이런 속담이 있는 이유는 그리 하기 어렵기 때문입니다. 병은 깊은 비밀일 수 있고, 군주의 의무기록이나 처방 내역을 훔쳐보는 것은 극형에 처할 수 있는 중죄였으며, 요즘의 의무기록은 개인정보 보호법으로 엄격히 관리되고 있습니다.

아름다운 글을 쓰는 것은 좋은 일입니다. 글로 세상의 어두움을 밝히고 개혁하는 일은 좋고 훌륭한 일입니다.

심영희, 한상진 부부 교수께서는 지금까지 많은 글로써 세상의 어두움을 밝히고 바꾸려는 좋고 훌륭한 일을 해오셨습니다.

이번에 심영희 교수께서 자신의 투병기록을 쓰시고, 한상진 교수께서는 인생의 동반자로서 같이 병과 싸우는 기록을 한 권의 책으로 발간하시게 됐습니다. 같은 병으로 고생하는 분들을 위해 도움이 되고자 하는 좋고 훌륭한 일입니다. 이에 경의를 표합니다.

특히 이 병이 일반인에게는 아직 잘 알려지지 않은 병일 뿐만 아니라 민감할 수도 있는 병이기 때문입니다.

자신의 의지와 관계없이 몸이 움직이거나 움직이지 못한다면 뇌의 이상을 의심하며, 뇌에 이상이 있다면 이는 쉽게 받아들일 수 있습니다. 그러나 만약 뇌에 이상은 없고 기능적인 문제로 이러한 증상이 나타나고 이것이 자유 의지에 의한 것이 아니라는 설명은 이해하기 어렵습니다.

우리는 모든 생각과 행동은 자기의 뜻에 의한 것이라는 자유 의지free will를 믿습니다. 그러나 뇌와 마음brain and mind과의 관계, 자유 의지가 어떻게 뇌에서 나타나는지의 문제는 아직 과학이나 철학에서 해결이 되지 않은 논쟁거리입니다. 한 가지 분명한 것은 우리가 자신의 생각, 의지라고 믿는 것들이 우리가 느끼거나 의식하지 못하는 뇌의 작용에 의한 것이라는 점입니다.

기능성 혹은 심인성 이상운동증후군functional or psychogenic movement disorders에 대한 개념은 근대 신경학의 태두인 프랑스의 신경학 의사 샤르코Charcot가 논의를 시작한 이후 많은 변화가 있었습니다. 현재의 개념은 스트레스라고 할 수 있는 여러 요인에 의해 뇌의 구조적인 변화는 없지만, 반응이 달라지고 자신이 의식하는 의지와는 달리 비정상적인 움직임이 나타난다는 것입니다.

이 병의 진단은 임상적인 것입니다. 검사는 뇌의 이상이 없는 것을 환자에게 확인, 안심시키기 위하여 충분히 실시합니다. 치료 과정에서 가장 중요한 것은 환자가 진단을 받아들이는 것입니다. 이 책에서 보듯이 심한 이상이 나타나는데도 이것이 자신이 의식하지도 못하는 '마음의 병'이라는 것을 납득하기 어려워합니다. 이것은 당연한 일입니다. 우리는 우리의 자유 의지를 믿기 때문입니다. 그러나 우리의 마음은 약할 때가 있으며 도움을 받아야 할 때도 있는 법입니다. 진단을 수용한 다음에는 몸과 마음을 다시 훈련하는 재활 치료를 하여야 합니다. 몸과 마음을 훈련하는 방법은 여러 가지가 있고, 필요에 따라 약물을 병용합니다. 다친 마음을 다잡아야 하므로 이 재활 과정은 길고 지난할 수밖에 없습니다.

아직도 끝나지 않은 이러한 고통스러운 과정을 가감 없이 기록한 이 책은 같은 병으로 망설이고 고생하시는 많은 환자에게 큰 도움이 될 것으로 생각합니다.

전범석

서울대학교병원 신경과 교수, 2025 세계신경과학회 준비위원장

추천의 글

살다 보면 예기치 않은 일이 일어난다. 어느 날 갑자기 고통스러운 병이 급습하면 어떻게 대처할 것인가? 이 책은 '기능성 이상운동 증후군'이라는 희귀한 병으로 극심한 고통을 받게 된 사회학자 심영희 교수 부부가 쓴 투병기다. 보통 사회학자들이 쓰는 글에는 자기가 쏘옥 빠져 있다. 그러나 이 책에는 글쓴이가 겪은 몸과 마음의 고통이 손에 땀을 쥐게 할 정도로 생생하게 묘사되어 있다.

그러나 더 중요한 것은 그런 고통을 겪으면서 조금씩 건강을 회복하는 과정의 기록이다. 거기에는 환자 본인의 투병 의지와 아들, 며느리, 딸, 손자, 손녀 등 가족의 헌신적인 지원, 그리고 병원 의사들과 운동치료사, 간병인의 도움이 크게 작용했다.

그러나 그 모든 과정에서 가장 중요하게 작용한 힘은 남편인 사회학자 한상진 교수의 헌신적인 간병이다. 한상진 교수는 부인의 고통을 곁에서 바라보면서 자기중심의 삶에서 아내의 건강을 먼저 생각하는 방식으로 삶의 자세를 완전히 바꾸었다. 그리고 거의 모든 일상을 함께 하고 기록하면서 저녁마다 아내의 발을 따뜻한 물로 정성스럽게 씻어 주는 일을 계속했다. 아버지의 지극한 정성에 자식들도 한마음이 되었고, 환자 남편의 정확한 병상 기록과 자상한 간병 태도에 의사와 치료사들도 더욱 정성을 기울였다.

사회학자 부부가 함께 쓴 투병기인 이 책은 누구도 원치 않는 병이 내습했을 때 그것에 어떻게 대처할 것인가를 생각하게 만든다. 그러나 책을 다 읽고 나면 병을 이길 수 있는 궁극적인 힘은 '사랑'에서 나온다는 메시지가 가슴 속에 선명하게 새겨진다.

정수복

사회학자/작가, 《파리일기-은둔과 변신》 저자

책머리에

"기능성 이상운동증후군입니다. 스트레스 때문입니다."

이것이 내 병에 대한 진단명이자 병의 원인이었다. 불뚝불뚝 근육 뭉치가 이쪽저쪽으로 잡아당기면서 움직이는가 하면 어떤 때는 추운 것처럼 온 몸이 와들와들 떨렸다. 몸은 마구 떨리는데 대체 무슨 병인지, 어느 병원, 어느 과에 가서 진료받아야 할지 알 수 없었다. 그렇게 여기저기 알아보다 겨우 찾아낸 신경과 의사에게서 받은 최종 결과였다.

정확한 학술용어로 '기능성' 또는 '심인성' 이상운동증후군이라는 진단명을 받게 되는 동안 뇌 MRA, 척추 MRI, 뇌파, 근전도 검사 등을 받았으며, 병세가 심해지자 헌팅턴 유전자 검사, 자가면역성 검사 등 온갖 검사를 했다. 검사결과는 정상적인 수치만 보여줄 뿐 이상이 없었다. 그런데도 몸은 계속 떨렸다.

이 병은 그동안 모호하게 심인성心因性 병이라고 부르다 최근에 와서야 '이상운동증후군'이라는 구체적 병의 명칭이 붙었다고 한다. 심인성이라고 하면 마음에서 생긴 병이라는 뜻인데, 의사 말처럼 스트레스 때문일 것이다. 파킨슨병이나 수전증과 증상은 비슷하지만 아직 진단과 치료조차 명확하지 않으며, 잘 알려지지 않은 병이라 그에 관한 연구도 별로 없고, 치료제도 따로 없다고 했다.

이상운동 증상은 2019년 봄부터 나타나기 시작했다. 건강검진을 통해 떨림 증세를 처음 진료한 의사는 뇌 MRA를 보고 아무런 문제 없으니 걱정하지 말라고 했다. 그런데 증세가 점점 심해지면서 목과 등이 난폭하게 수축과 긴장을 반복하며 떨리기 시작했다. 온몸이 떨리니 잠을 잘 수도 없었고, 잠을 못 자면 다음 날 컨디션이 나빠져 온종일 누워 있게 되어 증세가 더 심해지는 악순환이 반복되었다.

남편은 보다 못해 기력을 찾기 위해선 걸어야 한다며 나를 집밖으로 이끌었다. 걸으려면 제멋대로 움직이는 팔을 누군가 받쳐 주어야 하는데, 증세가 심해지면서 팔이 몸에 딱 붙어 들어올릴 수도 없고, 등 근육이 불규칙하게 움직여서 팔다리를 맞춰 제대로 걸을 수도 없었다. 게다가 손가락도 마비되기 시작해 손을 사용할 수도 없게 되었다.

말도 잘 못하고, 밥도 제대로 먹을 수 없으며, 물도 마시기 힘들었다. 누군가의 도움 없이는 아무것도 할 수 없게 된 것이다. 숨쉬기도 벅차 호흡이 막혀 너무 힘들 때는 '도대체 무슨 죄를 지었기에 이런 고통을 받나?' 하는 생각에 울기도 많이 했고, 그냥 이대로 삶이 끝났으면 하는 마음이 찾아올 때도 있었다.

건강하던 사람이 갑자기 아프니 가족들의 걱정도 이만저만한 게 아니었다. 가족들이 다방면으로 치료 방법에 대해 알아보는 사이에 나는 병을 일으킬 만한 스트레스는 대체 무엇이었을까 생각해 보았다. 이토록 수축과 긴장을 반복하며 몸을 떨게 하는 데에는 뭔가 큰 충격이 있었거나 오랫동안 쌓여온 스트레스가 분명히 있었을 것이다.

의사는 이 병의 원인이 스트레스라고 했는데, 나는 그동안 앞만 보고 달려오면서 스트레스 상황에서도 어떤 대처를 해야겠다고는 생각해 본 적이 없었던 것 같다. 스트레스가 심할 때 이를 털어놓고 의논하지 않고, 혼자 참고 견디었던 것이다.

사실 어떻게, 얼마나 심한 스트레스를 겪었기에 이런 병에 걸리게 되었는지는 추정만 할 수 있을 뿐 나 자신도, 의료진도 정확히 알 수 있는 방법은 없다. 그렇다면 스트레스가 무엇이었는지를 알려고 하기보다 스트레스를 푸는 것이 더 중요하다고 할 수 있다. 이제 와 드는 생각은 스트레스를 풀기 위해서는 혼자 참고 견디기보다 조금이라도 빨리 다른 사람과 의논하거나 도움을 청하는 용기가 필요하다는 것이다.

이 책은 '기능성 이상운동증후군'이라는 병을 앓으면서 이 병으로 인해 어떤 고통과 고생을 겪었는지, 어떻게 해서 그 고통에서 차차 벗어나게 되었는지, 특히 가족의 도움이 얼마나 중요한지에 대한 기록이다. 병이 심했을 때는 손이 마비되고 거동조차 어려워서 글을 쓸 수 없었다. 사정이 좀 나아지고 나서 쓰려고 하니 기억이 잘 나지 않아 달력에 메모한 것과 그때그때 가족들이 찍어 준 사진과 동영상들을 찾아보며 기억을 되살려 나갔다. 거기에 남편의 세심한 간병 기록은 가장 확실하고 중요한 자료가 되었다.

책의 1부는 발병 전후 어떻게 해야 할지 몰라 암중모색하며 심해지는 떨림, 강직, 마비 등 증상을 버텨 낸 투병 시기를, 2부는 가장 힘들었던 2019년 7~9월 기간에 옆에서 간병해 주고 도와준 남편이 그때그때 남긴 기록을 정리한 것이다. 3부는 모든 것을 다시 배우며 여러 가지 치료 방안을 모색했던 회복 과정을 소개하고 있다. 이 책의 1부와 3부는 심영희가, 2부는 한상진이 썼다.

사실 사회학 책이나 논문은 출판해 봤어도 나 자신에 대한 이야기는 처음이라 떨리고 부끄럽고 망설여지는 마음도 컸다. 회고해 보면, 내가 걸린 병이 도대체 무슨 병이고 어떻게 대처해야 할지 몰라 처음에는 많이 우왕좌왕했다. 또 이에 대한 정보가 너무나 부족하다는 것을 뼈저리게 느꼈다. 그래서 나의 체험을 비슷한 처지의 다른 이들과 공유하면 조금이나마 도움이 되지 않을까 하는 생각이 들었다.

책을 읽는 방법은 전적으로 독자의 자유지만 저자로서 작은 안내를 덧붙이자면, 병의 증세에 관해서는 1부를, 가족의 체험과 대응을 보려면 2부를, 그리고 병을 이겨가는 치유 과정에 관해서는 3부를 보는 것이 좋을 것 같다.

남편은 공동 저자가 되는 것에 대해 끝까지 망설였다. 하지만 남편이 기록한 글이 없었다면 책을 완성하기는 어려웠을 것 같다. 나는 누군가의 도움 없이는 몸을 가누기도 힘들었고, 손을 쓸 수도 없었으며, 밤에 잠자는 것이 큰 난관이었다. 매우 고통스러웠다는 기억은 있지만, 세세한 기억은 없다. 내가 기억할 수 없는 부분을 남편은 매일같이, 대부분은 내가 잠든 이후 이른 새벽까지 생생한 기록으로 남겨 놓았다. 그것은 우리 부부의 일체감을 다시금 느끼게 한 소중한 기록이 되었다. 나는 이 책에서 간병기의 몫이 커진 만큼 공동 저자가 되는 것이 당연하다고 남편을 설득했다.

투병 3년이 되어 가는 지금의 나의 상태는 이전보다 많이 좋아졌다. 그러나 아직 투병 중이라는 사실은 변함없다. 여전히 몸 상태가 업 앤 다운up and down을 반복하고, 저녁에 약을 먹지 않으면 잠을 자지 못하며, 아침에 먹은 약 때문에 오후에 낮잠을 몇 시간씩 자게 된다. 또 수시로 몸이 떨리기도 한다. 그러나 혼자서는 아무것도 할 수 없던 내가 도움은 받지만 어느 정도 일상생활을 할 수 있게 된 것은 대단한 진보다. 그동안 끔찍하게 시달리던 불면증도 잦아들어 비교적 잘 잘 수 있게 되었다.

투병하는 동안 지극한 사랑으로 나를 돌봐 준 가족과 따뜻한 위로를 건네 준 친구들, 그리고 서울대병원 전범석 교수 등 의료진에게 감사드린다. 내 불편한 몸을 거들어 한결같은 마음으로 함께 운동하고 걸어 준 간병인 은영 씨와 요양보호사께도 깊은 감사를 드린다. 또한, 투병기와 간병기의 소재를 한 권의 책으로 잘 엮어 읽기 쉽게 다듬어 준 허현자 작가, 여러 제안을 해 준 중민연구소 조명옥 국장과 최명지 출판위원, 이 책의 구성에 대해 처음부터 깊은 관심을 가지고 조언을 해 준 도서출판SUN 정선모 대표에게도 감사의 말씀을 드린다.

무엇보다 내가 몹시 아플 때 간호와 병시중으로 수면 부족에 시달리면서도, 매일 기록을 남겨 내가 기억하지 못하는 것들까지 세세하게 이 책에 담을 수 있게 해 준 남편 한상진 교수에게, 세상 모든 사랑을 담아 깊은 감사를 전한다.

2022년 6월

심영희

프롤로그

어느 날 터져 나온 몸의 비명 소리

2017년 어느 날이었다. 아들네 식구와 같이 저녁을 먹고 나서 차를 나누고 있을 때였다.

"어머니, 머리가 살짝 끄덕끄덕하시네요?"

"응? 내가 그래? 난 잘 모르겠는데."

그 말을 들을 때까지도 어떤 증후도 인식하지 못하고 있었다.

"네, 잠깐 떨리는 게 보여서…."

"괜찮아. 별거 아니야."

나는 살짝 신경이 쓰였지만, 혹시라도 애들이 걱정할까 봐 이렇게 말했다. 어쨌든 눈꺼풀이 떨리다 마는 것처럼 잠깐 그러려니 하고 말았다. 내 나름대로는 건강에 항상 자신이 있었다. 여태껏 연구 작업을 해 오면서 어떤 문제가 있거나 지장을 느끼지 않았기에 더욱 대수롭지 않게 여겼던 것 같다.

2018년에도 비슷한 일이 있었다. 천주교 성당에서 미사를 볼 때였다.

"당신, 흔들거리지 말고 그냥 서 있으면 안 될까?"

옆에 있던 남편이 슬쩍 등을 받치면서 속삭였다. 미사 순서에는 섰다 앉았다 하는 동작이 여러 번 있는데, 남편은 내가 서 있을 때 계속 몸을 왔다 갔다 앞뒤로 흔든다고 지적했다. 이쯤 되니 조금 걱정이 들기 시작했다.

봄이 되면서 당시 다니던 병원의 주치의에게 이런 증상들을 이야기했더니 난치병과로 의뢰를 주선해 주었다. 의사는 내 모습과 이야기를 들어보고는 무슨 병이라고 말해 주지도 않고 그냥 이런 증세에 관련해 아직 약을 먹을 필요는 없다고 했다. 그래서 '별일은 아닌가 보다.' 하고 가볍게 생각했다.

그해 연말이 가까이 오던 12월 초였다. 우리 부부와 오랜 인연이 있는 친구 부부가 집 근처로 놀러 와 카페에서 같이 차를 마시게 되었다. 그때 카페 밖에 앉아 있었는데 약간 추웠다. 내색은 하지 않았어도 이를 딱딱 부딪칠 정도로 떨었다. 추워서이기도 했지만, 어쩌면 몸이 아파서 떨고 있었던 것인지도 몰랐다. 내 몸이 힘들다고 보내고 있는 신호였을 것이다. 하지만 으레 컨디션 정도는 정신력으로 조절할 수 있다고 믿는 '오래된 습관' 때문에 은연중에 그 신호를 무시해 버린 것 같다.

우리는 오랜만의 만남에 이런저런 밀렸던 이야기를 나누며 근처의 '피천득 산책로'를 거닐었다. 어느덧 시간이 늦어지고 이야기의 흐름은 집으로 초대해 저녁을 먹는 자리까지 이어졌다. 무척 반가운 만남이라 기분은 좋았지만 내 몸은 몸살을 앓는 것처럼 춥고 떨렸다.

병의 진단과 처방을 받고 난 후인 2019년 6월 말경 파마하러 갔을 때였다. 나는 미용사가 머리카락을 자르면서 불편할 것 같아 미리 몸과 머리가 떨리는 상태라고 말해 주었다. 그랬더니 자기는 전부터 알고 있었는데 차마 이야기하지 못했다고 했다. 사실상 내가 알아채기 전부터 이미 증세는 시작되고 있었던 것이다.

몸에 대한 걱정이 시작되다 보니 이것저것 신경이 쓰였다. 평소에 의식적으로 왼쪽으로 누워서 자는 버릇이 있는데, 그것이 이런 증상과 관련 있지 않을까 하는 생각도 들었다. 처음에는 왼쪽으로 누워서 자면 소화에 도움이 된다고 하여 그렇게 자기 시작했다. 위가 왼쪽에 있기에 그런 자세가 부담을 덜 준다는 내용이었는데 상당히 신빙성 있게 느껴졌다.

시간이 지나면서 그것이 습관이 되었는지 왼쪽으로 누워야만 잠이 들곤 했다. 그러다가 어느 날 왼쪽 팔에 힘이 쑥 빠지는 느낌이 들었다. 다음에는 왼쪽 팔이 저리기 시작했고, 왼쪽 어깨가 아프더니, 왼손이 오른손보다 항상 더 차게 느껴졌다. 잘 때마다 왼쪽이 눌리니까 신경계통에 문제가 생긴 것은 아닐까 하는 생각이 들었다.

어릴 때 설사를 자주 하고, 대학교 다닐 때도 늘 "아, 배 아파!", "아, 머리야!" 하는 정도의 아프다는 소리를 하고 살기는 했지만 작은 병치레일 뿐이었다. 머리가 아픈 것도 사실은 소화가 안 되어 그런 경우가 많았다.

미국 유학 시절에는 테니스를 치고 운동을 많이 해서 비교적 건강하게 지냈다. 교수가 된 후에도 출근하는 평일에는 점심을 먹으러 가거나 돌아올 따 걸어서 오가기 때문에 문제가 없었다. 오히려 집에서 쉬는 주말에는 식후에도 걷지 않아 걸핏하면 체해서 고생한 적이 많았다. 집에는 늘 박스로 사다 놓았던 소화제 '활명수'가 있었다. 어쨌든 어릴 때부터 소화가 잘 안 되고, 잠을 잘 자지 못했던 것이 건강을 악화시켰던 원인으로 작용했을지도 모른다.

2019년 봄부터 조금씩 몸이 떨리는 증세가 눈에 띄게 나타났다. 그러나 나는 여전히 별로 심각하게 생각하지 않았다. 수전증 정도로 여기고 금방 나을 것으로 생각했다. 이미 연초에 건강검진을 받고 신경과 교수에게 머리가 저절로 떨리는 증상에 대해서도 진료를 받았기 때문이다.

왼쪽 팔에 갑자기 힘이 쑥 빠지는 것 같은 느낌도 있었고, 그 후 금방 괜찮아지다가 좀 저리거나 손이 더 찬 느낌도 있다고 상담했다. 그 때문에 추가 검사로 뇌 MRA를 찍었다. 그랬더니 꽈리 같은 핏줄 뭉침이 뇌에 있지만 아주 작은 것이어서 별문제 없다고 했다. 당시의 결론은 머리 떨리는 현상은 별일 아니니 전혀 신경 쓰지 않아도 된다는 것이었다.

그런데 갈수록 떨림 증세가 심해졌다. 목과 등이 난폭하게 수축하고 긴장되면서 땀이 흥건하도록 떨리고 움직임을 어렵게 했다. 별수 없이 다시 병원에 입원하여 정밀검사를 받았다. 목과 등 근육이 나의 의지와 상관없이 심하게 수축하고 떨리는데, 어떻게 해야 멈출 수 있는지 알고 싶었다. 무엇보다 잠을 못 자는 것이 가장 큰 문제였다. 온몸이 떨려서 잠을 못 자면 다음 날 몸 상태가 더 나빠져서 증세는 갈수록 악화되었다.

돌이켜 보면 2019년 봄부터 일이 과도하게 많았던 것이 문제였던 것 같다. 나는 보통 새벽 두세 시에 잤다. 커피를 마시거나 조금만 신경 쓰이는 일이 있어도 잠을 자지 못했다. 그런데 2월부터 5월 사이에는 일이 폭발적으로 늘어 잠을 더 못 자게 되었다.

당시는 프랑스 역사학자 파스칼 다예즈 뷔르종의 《붉은 왕조》 출간 준비를 하고 있던 때였다. 나는 좀 더 완벽한 책을 내고 싶은 마음에 혼자서 교정을 다섯 번이나 봤다. 잠이 안 오면 밤을 꼴딱 새우기도 하고, 자다가 새벽에 일어나서 또 교정을 보곤 했다. 마지막 다섯 번째 교정을 볼 때는 멀미가 날 정도였다. 책 보는 것이라면 이골이 날 만큼 일상이었던 일인데 멀미가 난 경우는 내 인생에서 그때가 처음이었다. 그렇게 공들였지만, 막상 10월에 저자가 서울에 왔을 때는 몸 상태가 너무 안 좋아서 북 콘서트 등 여러 행사에 하나도 참석할 수 없었다.

또 봄부터 연이은 학술행사도 여러 번 있었다. 일본에서 열린 동아시아학회EASA 발표와 글로벌 네트워크 연구 관계로 일본 학자들과 미팅을 했다. 연이어 영국의 사회학자를 초청해서 치른 학술행사는 여러 대학과 지방까지 동행하느라 너무나 힘이 들었다. 5월 초에도 중국 교수를 초청해서 다양한 학술행사를 하고 영어로 발표까지 해야 했다.

이미 3월에 몸 떨림이 심해졌고 몸이 떨릴 때 목과 등 주변에 근육수축과 경직이 왔다. 다른 사람이 내 손을 잡으면 떨림이 전달된다고 했다. 몸이 떨리는 바람에 저절로 운동이 되어서인지 열이 많이 나고, 여름이 아직 멀었는데도 에어컨 없이는 살 수 없을 정도로 더위를 느꼈다. 땀이 어찌나 나는지 머리와 목 뒤가 흥건히 젖을 때가 자주 있었다. 게다가 꼼짝 못 하고 누워 있었더니 대번에 심한 변비가 와서 화장실 가는 것도 큰일이 됐다.

그런 와중에도 5월 '중민포럼'에서 내가 맡은 발표를 하지 않을 수 없었다. 발표하던 날 이미 내 몸은 많이 떨리고 있었고, 잠도 제대

프롤로그   21

로 못 잔 상태였다. 식사하거나 컴퓨터 작업을 할 때, 휴대폰으로 문자를 넣을 때 특히 떨리고 경직이 심했다. 왼쪽 어깨가 아프고, 땀이 많이 났다.

이후로는 너무 심한 피로감으로 연구소에 출근하지 못했다. 4월까지는 그럭저럭 버틸 수 있었지만, 5월 중순부터는 더 이상 아무것도 하기 힘든 상태가 되었다.

목차

5 추천의 글 ｜ 전범석 - 정수복
10 책머리에
16 프롤로그 ｜ 어느 날 터져 나온 몸의 비명 소리

1부 나에게 왜 이런 일이

1장 이상운동증후군입니다

31 증후군이라는 애매한 질병
　　누가 이런 병을 좀 아시나요? ｜ 차라리 몰랐으면 좋을 병명

40 근육이 떨리는 것과 마음의 상관관계
　　스트레스는 만병의 제왕 ｜ 일상의 삶은 깨지고, 꿈도 멀어지고

46 할 수 있는 건 다 해보자
　　약만 먹고 나을 수 있나요? ｜ 명상, 요가, 안마와 지압을 받다

2장 떨림, 강직, 마비로 뒤척이는 하루하루

57 통제 불능이 된 신체시스템
　　변비로 119에 실려 가다니 ｜ 불면증, 그 지독한 수면 장애 ｜
　　목 떨림과 경직된 등 근육, 쏟아지는 땀

67 마비라는 공포가 현실이 되다
　　팔, 손가락, 목, 입, 혀까지 굳어지고 ｜ 샴푸도 양치질도 내 손으로 못 해 ｜
　　칼춤을 추는 감각들

75 헌팅턴 유전자 검사와 뇌척수액 검사를 받고
　　혹시 유전적 요인, 아니면 뇌에 문제? ｜ 약물은 치료일까 중독일까

83 아, 내 인생은 끝장났구나
　　호흡 곤란으로 비상 호출기를 달다 ｜ 정말 끝인가, 절망의 시간이 시작되다

90 달라진 이상운동 패턴, 나 이젠 어떡하지?
　　근육 떨림에서 뻣뻣하게 굳어짐으로 ｜ 딱 붙어버린 오른팔, 기울어진 걸음걸이

2부 괜찮아, 내가 있잖아

3장 뾰족한 수를 둥글게 찾는 지혜

99 **후회로는 지워지지 않는 미안함**
50년이 되도록 몰랐구나 | 엄마 건강에 대해 가족이 할 일

107 **고통을 지켜보는 안타까움**
하루하루의 삶 | 마음의 문제를 푸는 방법

112 **한밤중의 '주기도문' 노래**
그저 내가 할 수 있는 것은 | 버려야 할 것과 버텨내는 힘의 차이

119 **하나씩 생활에서 실마리를 찾아가다**
나를 너무 미워하지 마 | 당신은 결코 외롭지 않아

125 **내가 얼마나 힘든지 잘 모르잖아**
그만해, 피곤해! | 아내의 취침운동장을 개방하며

4장 우리는 어떻게 달라질 수 있을까

133 **좋은 날도 있고, 나쁜 날도 있고**
기대와 실망의 변주곡 | 당신은 왜 이렇게 착해

139 **희미하지만 작은 변화가 오다**
달라지는 아내의 자기관리 의지 | 바로 그것, 자발적 근육강화 운동

145 **상황이 아닌 나를 변화시켜 주소서**
기적을 바라는 것은 욕심 | 혼자 잠들 수 있는 밤이 오다 |
내가 더 강해져야 하는 이유

153 **지금 여기가 우리의 천국**
바람, 그 시원한 사는 맛 | 이토록 소중한 인생의 한때

5장 당신 곁에 내가 있어

163 기다렸던 그 말, 한번 밖에 나가볼까
두 팔을 하나로, 마음을 하나로 묶어 | 걷기, 걷기, 걷기!

170 내가 더 이상 어떻게 해
라디오 꺼! | 침실에 구조물을 설치하다 | 간병인이 필요하지 않을까 |
오늘은 이만큼, 내일은 더 멀리

181 곁에 있어도 늘 그리운 나의 연인
스스로 운동기구를 사용하다 | 말이 꽃처럼 곱게 되려면 |
첫 외부 활동, 예전 활기를 되찾다

3부 모든 것을 다시 배우다

6장 한숨 대신 긴 숨, 눕기 대신 걷기

197 숨 쉬는 게 이렇게 힘든 일이었던가
바태, 뜻밖의 행운 | 속근육이 단단히 뭉쳐 있었던 이유

205 걷기도 다시! 고맙다, 다리야
걷기를 재촉한 고사리 손길 응원단 | 걸어 나가 바람을 만났다

213 도전하시겠습니까, 근육강화 운동
걷기라는 보약을 먹어 두었더니 | 새로운 운동, 새로운 걷기 방법 배우기

219 앉지를 못해서 산 안락의자
바닥 탈출, 의자생활자의 시작 | 며느리의 효심 담긴 한약 |
간병인이라는 첫 번째 지원군

7장 산책하면서 보이기 시작한 작은 세상

229 병이 낫는다는데 뭐가 부끄러워
요양보호사 모시기 작전 | 노래하고 춤추며 걷는 이상한 사람들

236 오른팔이 쑥 올라가네
새로운 처방약과 약침의 효과

239 희망, 그것은 꽃의 마음, 사람의 마음
앞뜰정원과 눈 속의 매화 | 아픈 이웃들과 나에게 보내는 응원

244 에필로그 | 기능성 이상운동증후군을 이야기로 엮은 이유

1부

나에게 왜 이런 일이

아동용 홍콩불안척도

1장

증후군이라는 애매한 질병

"이것이 도대체 무슨 병인가요,
병 이름이 뭔가요?"

누가 이런 병을 좀 아시나요?

나는 회색빛 재처럼 가라앉았다. 2019년 5월 15일, 마지막 힘까지 다 끌어올려 '하얗게 불태운' 중민포럼 발표가 일상생활의 끝이었다. 대신 내 피부밑에서는 잔뜩 화난 근육들이 저들끼리 으르렁거리며 아우성을 쳤다.

"나, 무슨 큰 병 걸린 건 아니겠지?"

"그런 걱정하지 마, 병원에 가면 뭔가 답이 나올 거야."

"파킨슨병 같은 거면 어떡하지?"

머릿속에는 온통 세상의 병명들이 떠올랐고 그럴 때마다 스쳐가는 단편적인 정코들은 눈덩이처럼 불안을 키웠다. 공포는 불쑥불쑥자가 증식하며 패닉의 문을 두드리고 있었다.

1부 나에게 왜 이런 일이 31

그런데 막상 병원에 가야겠다고 생각은 했는데 나 같은 경우 어떤 병원, 무슨 담당의에게 가야 할지 전혀 알 수가 없었다. 내 증상을 검색하면 파킨슨병 같기도 하고, 아닌 것 같기도 하고, 단순한 떨림인지 아닌지 도통 갈피를 잡을 수 없었다.

여기저기 의사들에게 직간접적으로 물어보곤 했는데, 20대 때부터 갑상선 호르몬이 부족해서 먹고 있던 '신지로이드'라는 약을 지적하는 사람도 있었다. 그 약을 용량 이상으로 많이 먹어서 나타나는 부작용 현상일 수도 있다는 것이다. 그래서 5월 17일부터는 갑상선 약을 반 알씩으로 줄여서 먹기도 했다.

다음 날에는 뭉친 근육을 풀면 몸의 순환이 좋아진다는 생각에 시각장애인 마사지를 받아 보았다. 또 며칠은 헬스센터에서 자전거 타기를 한 후에 떨림이 덜해진 것을 느껴서 운동하는 것이 도움이 될지도 모르겠다는 생각도 했다.

그러다가 우연히 파킨슨 전문의로 유명한 전범석 교수를 알게 되었다. 아랍에미리트에 살고 있던 제자 부부를 통해서였다. 내가 결혼 주례를 해 주기도 했는데 아내는 서울대병원이 위탁받아 운영하는 셰이크 칼리파 병원에서 일하고 있었다.

이 부부는 서울에 귀국할 때마다 안부 인사를 와서 함께 식사를 하고는 했다. 3월 중순에 왔을 때 이런저런 이야기를 나누다가 제자 부인이 신경외과 전문의라 관련 있을 것 같아 나의 증상에 대해 물어

보았다. 그렇게 돌아간 지 얼마 후 '카톡'에 서울대병원 전 교수를 언급하면서 떨림 현상에 대해 그간 알아본 바를 적어 보냈다. 조심스러웠는지 파킨슨병에 대해서는 일절 언급하지 않았다.

전 교수에 대해 검색하고 알아보니 그야말로 인간 승리를 이뤄낸 분이었다. 등산하다 넘어져 척추가 다 망가졌어도 엄청난 의지와 노력으로 재활운동을 계속하여 걸을 수 있게 되고, 파킨슨병 분야의 제일가는 전문가가 되었다는 것이다. 나도 이분에게 진료를 받아야 겠다고 생각했다.

5월 20일 11시 반으로 진료 날짜가 잡혔다. 병원에 가니 신경과 대기석 앞에 사람들이 빼곡히 앉아 있었다. 진료 시간은 계속 지연되었다. 몸은 점점 불편해져 앉았다 일어섰다, 복도를 왔다 갔다 하면서 지루함을 견뎠다. 알고 보니 11시 반은 그날 오전의 제일 마지막 진료였고, 나는 1시간 반을 기다려서야 진료실에 들어갈 수 있었다.

레지던트인 듯한 분이 환자 본인 확인을 하더니 곧 나더러 걸어 보라고 했다.

"손을 위로 올려보세요."

"자, 손을 반짝반짝 하는 것처럼 손목을 돌려보세요."

"주먹을 쥐었다 폈다 '잼잼' 해보세요."

나는 주문하는 몇 가지 동작을 하라는 대로 '최선을 다해' 다 잘 해냈다. 그랬더니 의사가 이것은 심각한 문제가 아니고 수전증 정도이니 가정의학과로 가라는 것이었다.

'어? 이게 다야?' 나는 너무 '싱거운 판정'에 안도하기보다는 기가 막혔다. 진료 날을 기다리고 기다리다 아침부터 병원에 오느라고 준비한 시간은 얼마며, 와서도 1시간 반 이상을 기다렸는데 2, 3분도 안 되는 문진을 하고는 딴 데 가서 알아보라니. 나도 모르게 맥이 빠지면서 뭘 어떻게 해야 할지 몰라 멍하니 서 있었다.

이제 진료실을 나가야 할 판이었다. 그러자 옆에 서 있던 남편이 목과 등의 근육이 심하게 떨리고 수축이 일어난다고 설명을 더했다. 그제야 의사는 그러면 상의 겉옷을 벗고 뒤돌아 앉으라고 했다. 내가 속셔츠 차림으로 뒤돌아 앉아 있으니까 레지던트에게 목과 등 근육의 움직임을 비디오로 찍으라고 했다.

의사는 한참 보더니 이런 상태면 입원해서 검사를 해봐야 알 수 있겠다며 빨리 입원 절차를 밟으라고 했다. 그러면서 평촌에 있는 한림대 성심병원의 M 교수에게 뇌파 검사와 근전도 검사를 의뢰한다는 메일을 써 주었다. 우리는 서울대병원에 최대한 빨리, 병실이 나오는 대로 입원할 수 있게 해달라고 신청했다.

다음 날 한림대 성심병원에 예약 없이 가서 기다렸다가 외래 진료를 받은 후 5월 23일로 검사 날짜를 잡았다. 며칠 후 그 먼 곳을 또 가서 뇌파 검사를 했다. 검사 후에 M 교수가 직접 와서 바늘 같은 것으로 찔러 근전도 검사를 하려고 했다. 그런데 근육이 너무 빨리 떨려서 도저히 측정할 수 없다고 했다. 근육이 3초마다 한 번씩 떨리는 정도면 검사할 수 있는데, 내 경우는 그보다 더 빨리 떨린다는 것이다. 별수 없이 그냥 돌아왔다.

차라리 몰랐으면 좋을 병명

5월 26일. 내가 입원한다는 소식에 온 식구가 총출동했다. 다행히 서울대병원에 병실이 났다고 안내 연락이 온 것이다.

입원 수속을 하고 오후 2시에 입실했다. 들어갈 때는 별생각 없이 들어갔는데 환자복을 입으니 정말 환자같이 보인다고 했다. 식구들은 다 돌아가고 딸이 와서 같이 자기로 했다.

여전히 몸은 시도 때도 없이 떨리고 더운 날씨도 아닌데 땀으로 옷이 축축해졌다. 오후 5시에 간호사가 혈압을 재러 왔지만, 몸이 너무 떨려 잴 수 없었다. 내가 가만히 있으려고 해도 안정적인 상태가 되지 않았다. 나도 힘들었지만 몇 번을 시도해도 잴 수가 없자 간호사가 난감해하더니 다시 오겠다며 포기하고 갔다. 또 피검사를 위해 피를 뽑고 MRI 촬영에 필요한 조영제를 넣을 바늘자리도 만들었다.

오후 9시에는 척추 MRI를 하러 갔다. 미세한 이상현상이 있는지 측정하는 검사인데 내 몸이 자꾸 떨려 역시 촬영에 실패했다. 밤 11

시에 간호사가 다시 혈압을 재러 왔다. 밤이 되어서인지 조금 진정이 된 듯 하여 간신히 수치를 재고 갔다. 이렇게 검사를 준비하는 과정 자체도 너무 힘들었다.

5월 27일, 아침에 죽을 먹은 후부터 금식·금수가 시작되었다. 어제 실패한 MRI를 다시 찍으려면 떨림을 잦게 하는 진정제를 맞아야 해서 다시 금식을 하게 된 것이다. 오전 8시에 주치의가 와서 신체검사를 했다. 혈압은 139/80이 나왔다. 아들이 같이 먹으려고 컵라면을 사 왔지만 함께 먹을 수 없었다.

오후 1시 40분에는 대장내시경 동의서 및 진정제 동의서를 썼다. 지난 1월 건강검진에서 용종이 여러 개 발견되었는데 그때 일부를 제거하고 남은 것들을 이번에 수술하기로 한 것이다. 밤 9시 40분에 주치의가 다음 날 하기로 한 대장내시경을 하루 미룬다고 했다. 내시경 검사를 위해서는 진정제를 투입해야 하는데 그러면 뇌파 검사에 영향이 있으니, 그 전에 뇌파 검사를 해야 하기 때문이라고 했다. 그래서 입원 기간도, 금식도 하루 더 늘어났다. 밤 11시 15분에 진정제를 맞고 마침내 MRI 찍기에 성공했다.

5월 28일은 새벽 4시에 수액을 다 맞았고, 6시 반에는 주삿바늘을 뺐다. 12시 45분에는 반소매 반바지 차림으로 4층에 오라고 해서 마침 와 있던 아들과 함께 갔다. 기다리고 있던 전범석 교수와 레지던트들이 비디오를 찍었다. 걷고, 의자에 앉고, 밥 먹는 시늉을 하라고 해서 여러 동작을 해보았다. 그런데 밥 먹는 시늉을 할 때는 손과 팔이 올라가는데 정말로 밥을 먹으려고 하면 올라가지 않았다. 이를 어쩌나….

오후 1시에는 뇌파 검사를 했다. 평촌의 병원에서 했던 것과 비슷했지만 더 꼼꼼하게 하는 것 같았다. 검사 때문에 전 교수의 2시 회진을 놓쳤다. 3시 10분에 전 교수 밑에 있는 걸로 보이는 P 의사가 왔다 가고, 5시부터 대장내시경 준비를 위해 장 세척제로 쿨프렙산을 1차로 마셨다.

이날은 오전에 죽, 오후에도 죽을 먹었다. 그래서인지 너무 기운이 없어 수액을 꽂아 달라고 했다. 밤 10시에는 쿨프렙산을 2차로 마셨다. 밤 12시 이후로는 금식·금수를 했다.

5월 29일은 새벽 5시에 간호사가 와서 내분비내과 검사 결과는 특별한 이상이 없다며 이전과 같은 약으로 갑상선약, 고혈압약, 혈전제, 디카맥스 등을 챙겨 주었다. 9시에 P 의사가 와서 뇌파 검사, 척추 MRI 모두 이상 없고, 갑상선 검사도 정상이라고 했다. 오후 4시 20분에 수면 대장내시경 수술을 하기 위해 이동했다.

드디어 오후 6시, 전 교수가 와서 검사 결과를 자세히 설명해 주었다. 남편이 옆에 있으니 더욱 구체적으로 설명해 준 것 같았다. 모든 검사 결과를 종합해 보면 구조적으로는 아무 문제가 없고, 다만 기능적으로 문제가 있으며 그건 아마도 '스트레스' 때문인 것 같다고 했다. 그러면서 평생 연구만 한 분이 최근에 와서 연구 때문에 갑자기 더 스트레스를 받을 이유도 없을 텐데 왜 그런지는 모르겠다고 했다. 남편이 옆에서 듣다 물었다.

"이것이 도대체 무슨 병인가요, 병 이름이 뭔가요?"

"일종의 심인성心因性 질환이라고 할 수 있는데 최근에는 기능성 이상운동증후군 FMD, Functional Movement Disorder[1]이라고 부릅니다."

"그럼 말씀하신 스트레스만 사라지면 금방 괜찮아지는 겁니까?"

"그건, 지금으로서는 뭐라 말씀드리기 어렵습니다. 하지만 숨쉬기에서부터 걷는 것, 앉는 것, 밥 먹는 것 등 일상생활의 모든 것을 다시 배워야 합니다."

전 교수는 이런 병은 드물어서 학계의 연구도 별로 없고, 치료제도 없다면서 물리치료가 가장 좋을 거라고 했다. 그걸 치료하는 유일한 분이 동국대 일산병원의 박정이 교수라고 하면서 의뢰서를 써주겠다고 했다. 그리고 석 달 후에 다시 자신에게 와서 경과를 알려달라고 했다.

이제 입원해서 해야 할 일은 다 한 셈이었다.

밤 10시 반에 간호사가 와서 퇴원 준비를 해 주었다. 진료 의뢰, 예약 등을 확인했고, 다음 날 밥 먹고 혈변 여부를 확인한 후에 퇴원해

---

1) 기능성 이상운동증후군 이외에도 병인과 특징이 다른 여러 이상운동 관련 질환이 있다.
   이 책에서는 이후 간단히 '이상운동증후군'으로만 표시한다.

야 한다고 했다. 밤 11시에 수액을 뗐다. 추가 수액을 할 수 있다고 했지만 거절했다. 또 주삿바늘 꽂기가 싫었다. 아니, 아무것도 하기 싫었다. 병명을 알게는 되었지만 몰랐을 때보다 더 답답해졌다. 힘겹게 온갖 검사를 다 했는데 여기서는 해결이 안 되고 또 다른 병원으로 가서 치료를 받아야 한다는 것도 마음을 불편하게 했다.

5월 30일, 드디어 퇴원하는 날이었다. 다행히 혈변은 나오지 않았다. 10시 45분에 간호사가 내분비내과 약을 가져왔다. 12시에 밥으로 점심을 먹고 딸과 복도를 조금 걸었다. 그리고 1시 반에 퇴원했다. 입원하는 동안 밤에는 항상 딸이 와서 같이 잤다. 정말 고마운 딸….

근육이 떨리는 것과 마음의 상관관계

"나름대로 이런 논문들을 보며 드는 생각은
이상운동증후군이 최근에야 이름이 정해졌고,
환자에게 설명하기도 어려운 질병이라는 것이다."

스트레스는 만병의 제왕

으레 그렇듯이 병원에서는 짧은 진단명에 붙여 엄청난 숙제보따리를 던져준다. 뭔가 분명한 해답과 희망을 기대했던 입원, 검사였지만 결과는 허탈하게 퇴원하는 것으로 끝났다. 답답함과 불안은 입원 전보다 더 폭증했다. 도대체 듣도 보도 못했던 이상운동증후군이 무엇이란 말인가.

나는 그야말로 '폭풍검색'으로 여러 포털사이트를 검색했지만 별다른 소득이 없었다. 구글에서 좀 더 뒤져 보았더니 논문 몇 개가 나왔다. 너무 의학적인 논문은 이해하기 어려워 건너뛰고 그중 몇 가지 논문들을 골라 이상운동증후군이 무엇인지 알아보려고 했다.

그렇게 해서 2014년에 발표된 "심인성 운동증후군에서 기능성 운동증후군으로: 이름을 바꿔야 할 때"[2]라는 논문을 읽게 되었다.

논문에서는 그동안 '심인성'이라는 용어는 신체의 비정상적 운동 증상들에 새로운 이름을 붙여 보려는 시도 중에 가장 인기 있는 것이라고 했다. 저자들은 이 말은 그 증상이 '마음에서 생긴다'는 것을 가리키고 있기 때문에 이미 이름 안에 증후군의 원인을 특정해 버리는 문제가 생긴다고 했다.

무엇보다 이 증후군에 대한 규명이 아직 충분하지 않은 상태라는 것이다. 그러니 제대로 규정되지 못한 원인론과 관련하여 정의하는 이 용어를 쓰는 것을 중단하고 대신 '기능적 functional'이라는 폭넓은 용어를 쓰자는 제안이었다.

어쨌든 이 글에서도 내가 알고 싶은 답을 찾기는 힘들었다. 몸의 근육이 떨리는 게 내 의지도 아니고 내 생각도 아니니까 '심인성'이라는 말을 쓰는 것은 적합하지 않다는 주장에는 동의할 수 있을 것 같았다. 그렇다고 이상운동이 나타난 증후를 '기능적'이라는 말로 범위를 넓혀 놓는 것도 이해하기 어려웠다. 원인을 알고 싶어 하는

---

2) "From Psychogenic Movement Disorder to Functional Movement Disorder: It's Time to Change the Name", Mark J. Edwards PhD, Jon Stone PhD, Anthony E. Lang MD, *Movement Disorders* 29(7), June 2014, pp.849~852.

환자한테는, 얼버무리듯이 대답을 회피하는 느낌을 주는 것 같았다.

또 다른 논문으로 2019년에 발표한 "나는 이상운동증후군의 진단을 환자에게 어떻게 설명하는가?"[3]를 보았다.

이 글에서는 이상운동증후군은 신경학 진료에서는 흔한 것이고, 심각한 고통과 장애의 근원이라고 말한다. 하지만 많은 의사가 그 진단을 설명하는 데 어려움을 느끼고 있다고 한다. 또 명확한 진단명을 제시하기도 어렵기에 환자가 운동증후군 자체의 성격과 메커니즘을 이해하도록 돕는 대신에 심리적인 요인들을 강조하는 경향이 있음을 지적했다.

의사들은 각자 자신의 견해 속에서 내가 가졌던 의문을 동일하게 고민하고 있다는 느낌이 들었다. 원인을 설명할 수 없는 증상에 대해 의사들도 진단명을 내리는 게 힘든 일인 것 같았다. 잘 이해하기는 어려웠지만, 의사들은 심리적인 원인으로 문제를 해결하려고 하지 말고 이상운동에 대한 치료행위가 뇌를 자극하고, 그것이 다시 신체의 정상화를 유도하고, 마음에도 영향을 주며, 다시 치료가 호전되어 가는 순환적 메커니즘을 환자들에게 이해시키는 게 필요하

---

3) "How Do I Explain the Diagnosis of Functional Movement Disorder to a Patient?", Jon Stone FRCP PhD, Ingrid Hoeritzauer MB BCh MRCP, *Movement Disorders* 6(5), June 2019, p.419.

다는 것 같았다.

　내 머릿속은 더 복잡해졌다. 여러 논문들을 보며 드는 생각은 이상운동증후군이 최근에야 이름이 정해졌고, 환자에게 설명하기도 어려운 질병이라는 것이다. 많은 검사 후에 의사가 나에게 계속 병명을 말하지 않았던 것도, 심인성 병이라고 이리저리 설명하려고 했던 것도, '스트레스 때문'이라는 말을 되풀이했던 것도 조금은 이해가 되었다. 결국 스트레스는 만병을 설명하는 알파요 오메가인가!

　병원에 입원까지 하게 되자 앞으로 전개될 상황이 심상치 않을 것 같았다. 증세가 점점 악화될 것이 명확해졌다. 그런데 6월 말에 있을 프랑스 생테밀리옹 회의 날짜는 다가오고 있었다. '대안사회이론'에 관한 주제로 세계 각국에서 모이는 참석자 모두가 논문을 발표하고 토론하는 워크숍 형태의 회의였다. 남편과 함께 나도 이 회의에 초대받아 이미 비행기 표도 예매해 놓은 터였다.

　초청자는 우리가 머무는 동안 포도주로 유명한 보르도 근처의 작은 마을에 있는 별장을 마음대로 쓰라는 편의까지 더해 주었다. 보르도는 아직 가 보지 못한 곳인데 산티아고 순례길이 시작되는 생장피에드포르와 가까워서 이 기회에 순례길을 걸어 보겠다고 마음먹었던 참이었다.

일상의 삶은 깨지고, 꿈도 멀어지고

산티아고 순례길은 오래전부터 가 보고 싶었다. 순례길에 관한 책도 찾아 읽고, 텔레비전에서 관련 프로그램을 챙겨 보기도 했다. 여고 동창 중에 암 수술을 받은 친구는 그 길을 두 번이나 다녀왔다. 그래서 이것저것 물어보기도 했다. 지도를 보면서 보르도에서 생장피에드포르까지 어떻게 가야 하나 연구하기도 하고, 너무 힘들면 며칠만 걷고 그만두어도 좋겠다고, 순례길 걷기를 시작하는 것만도 어디냐며 꿈에 부풀어 있었다.

우리가 머무를 보르도는 프랑스의 서쪽 끝이고 마르세유는 동남쪽 끝이라 해마다 가는 엑상프로방스는 물론 그동안 못 가 본 툴루즈, 몽펠리에 등의 도시를 거쳐 프랑스를 횡단해서 갈 수 있겠다며 잔뜩 기대하고 있었다.

나는 왜 산티아고길에 가고 싶었을까. 생각해 보면 그동안 너무 앞만 보고 달려와서 자신을 돌아볼 시간을 갖고 싶었기 때문인 것 같다. 나를 되돌아보고 싶었다. 나의 꿈이 무엇이었는지, 무엇을 하고 싶어 했는지….

대학 입학시험 때 면접관 교수가 왜 영문학과에 지원했는지 물었다. 나는 세계 5개 국어를 배워 기자가 되어 세계를 여행하고, 그 경험을 토대로 소설을 쓰고 싶다고 자신 있게 대답했다. 그런데 지금 나는 사회학자가 되어 있다. 이것도 나쁘지는 않고, 나름대로 성과도 내었다고 할 수 있다. 초창기 '성폭력 연구'를 통해 한국 사회에 성폭력 문제를 사회 문제화하는 데 조금이나마 기여했기 때문이다.

그런데 이렇게 아픈 상태에 놓이게 된 지금 나는 무엇을 원하는가. 지난 삶을 찬찬히 되돌아보고, 앞만 보고 달려오는 동안 놓친 것은 무엇인지 성찰해 보고 싶었다. 모든 것을 내려놓고 힘든 여정을 몸으로 견디며 나는 무엇을 깨달을지 몹시 궁금했다.

이상운동증후군은 내 의지와 상관없이 산티아고길을 막았다. 몸이 심하게 떨리기 시작하고, 입원하여 검사를 받으면서 결국 회의에 참석할 수 없다고 통보했다. 내가 못 간다니까 남편이 "나도 가지 말까?" 하고 망설였다. 하지만 참석자 중에 한국 사람은 한 명도 없으니 꼭 참석하라고 강력하게 권유했다. 결국, 남편은 예정대로 프랑스로 떠났고, 그동안은 딸이 나를 보살펴 주기로 했다.

할 수 있는 건 다 해보자

"지금은 좀 어떠세요, 시원하신가요?"
"잘 모르겠네요, 좀 더 세게 해도 좋겠어요."

약만 먹고 나을 수 있나요?

퇴원 후 6월 3일, 전범석 교수가 의뢰해 준 대로 동국대병원 박정이 교수 진료를 받으러 갔다. 유일하게 이상운동증후군과 관련하여 물리치료를 하는 분이라고 소개받았기 때문이다. 집에서 다소 먼 일산에 있어서 가는 과정만으로도 힘든 일정이었다.

"기능성 이상운동증후군에 대한 물리치료 처방은 없습니다."
"그럼, 뭘 어떻게 해야 되는 건가요?"

첫 진료에서 돌덩어리처럼 딱딱해진 등과 목 떨림을 어떻게 좀 해주지 않을까 했던 희망은 물거품처럼 사라졌다.

의사는 진료의뢰서와 내 상태를 확인한 다음 내가 기대했던 '물리치료'는 연구용으로만 하고 있으며 상업용으로는 하지 않는다고 했다. 이 병은 심인성이라고 하면서 안정제이자 근육이완제인 알프람 0.25밀리그램을 아침·점심·저녁에 먹으라고 처방했다. 진료 과정에 대해서는 처음에는 2주, 그다음부터는 한 달, 그 후에는 두 달마다 오는 걸로 진료 시기를 조절하겠다고 했다.

"어쨌든 지금 상황에서는 완화를 돕는 약물 복용 말고는 달리 할 수 있는 게 없습니다."

"언제쯤이면 나을 수 있을까요?"

박 교수는 3개월 만에 나을 수도 있고, 6개월 만에 나을 수도 있다며 희망적인 말을 해 주었다. 덧붙여 명상이 많이 들어간 요가가 도움이 될 수도 있다고 했다. 나는 '정신과 약'을 먹으면서 물리치료 대신으로 명상이나 요가를 하면서 낫기를 기대하는 수밖에 없겠다는 생각에 힘이 많이 빠졌다.

어쨌든 이렇게 진단 후 첫 진료 때까지만 해도 그럭저럭 앉고 걷는 행동에 큰 지장은 없었다. 6월 8일 두 제자가 찾아왔을 때도 좀 떨리기는 했지만, 밖에서 같이 점심 먹고 차 마시는 데 전혀 문제가 없었다. 다음 날에는 친정 오빠와 올케언니가 문병 겸 찾아왔는데 그때도 괜찮았다. 그날 저녁에는 영면하신 이희호 여사 조문도 다녀왔다.

며칠 있다 며느리와 영화 〈기생충〉을 보러 갔는데 그때도 그리 힘들지는 않았다. 이러다 조금씩 좋아지면서 나으려니 했다.

그러던 6월 15일 내가 예전에 초대회장을 했던 '여고 직업인 모임'에 새로 회장으로 취임한 분한테서 연락이 왔다. 평창동의 자기 집에서 모인다며 초청하기에 내 사정을 자세히 이야기하고 정중하게 거절했다. 그래도 잠깐 얼굴만 보여 주고 가는 건 어떠냐며 꼭 와 주기를 원했다. 내가 회장 할 때도 물심양면으로 많이 도와주신 분이라 더 이상 거절하기가 어려웠다.

모임에는 회원들 30여 명이 와 있었다. 오랜만에 보니 반가워서 얼굴만 내비치고 금방 나오기가 어려웠다. 아름다운 정원에 그늘막을 치고 정성껏 준비해 놓은 오찬 순서를 뿌리치는 것도 쉽지 않았다. 조금 더 참고 있다 가면 되겠지 하고 왼손으로 포크를 잡고 음식을 조금 먹었다.

점심 후에는 정원에 있는 큰 바위산 같은 것에 올라가 단체 사진도 찍고 산책도 좀 했다. 그리고 곧바로 성악가 두 분을 초대해서 피아노 반주에 맞춰 공연하는 시간이 이어졌다. 나는 더더욱 중간에 나오기가 어려워져 2시간 정도 앉아 있었던 것 같다. 그때도 약간 떨리기는 했지만 크게 힘들지는 않았다.

6월 말에는 사정이 급격하게 달라졌다. 6월 27일은 집담회를 하는 여교수 모임에서 점심을 같이 먹기로 한 날이라 몸은 좀 떨렸지만 참석했다. 왼손에 포크를 쥐고 식사하니 다들 걱정해 주었다. 사실 동작을 할 때마다 떨림을 눈에 띄지 않게 하려고 의식적으로 꿍

장히 집중하고 신경을 썼다. 공연히 나 때문에 분위기가 불편해지는 일은 피하고 싶었다.

그렇게 몸과 마음이 긴장 상태가 되다 보니 가만히 앉아 있기가 더 힘들어 먼저 일어났다. 나오면서 화장실에 들렀을 때 거울에 비친 얼굴이 핏기 하나 없이 창백해 보였다. 깜짝 놀랐다.

이렇게 시간이 지나면서 처방받은 약을 먹는데도 상황이 점점 더 악화되었다. 남편이 프랑스에 가고 없는 동안 너무 힘들고 고통스러워서 급기야 6월 29일 토요일에는, 예약 진료일이 되기 전이지만 급하게 약속을 잡고 딸과 함께 병원을 찾아갔다. 그러나 알프람의 양을 조정하는 것밖에 해결책은 없었다.

6월 30일 딸이 오랜만에 영화를 보자고 해서 실사판 〈알라딘〉이라는 영화를 보러 갔다. 아마 내 몸이 자꾸 처져 있고 하니 기분도 전환시킬 겸 데리고 나갔던 것 같다. 그런데 가만히 앉아 있어도 온몸이 심하게 떨려왔다. 실내는 서늘할 정도로 에어컨이 가동 중인데 나는 사우나에 간 것처럼 땀을 뻘뻘 흘렸다. 중간에 나오기도 쉽지 않아서 어쩔 줄 모르며 곤욕을 치르다가 2시간을 10시간처럼 견뎠다.

명상, 요가, 안마와 지압을 받다

내가 아프기 시작하자 가족들은 나를 위해 좋다는 것은 뭐든 이것저것 알아보기 시작했다.

박 교수가 명상이 좋다고 했다 하니까 아들이 와서 명상을 같이 해주었다. 명상은 자기에게도 도움이 될 거라며 매일 점심 후에 일부러 집에 들렀다. 함께 '귓전 명상'이라는 것을 20회 정도 했던 것 같다.

처음에는 20분 정도여서 그런대로 가만히 누워서 따라갈 수 있었다. 그러다 매일 조금씩 달라지고 점점 길어졌다. 반면에 내 상태는 시간이 갈수록 악화되면서 나중에는 몸이 떨려 도저히 가만히 누워 있을 수가 없었다. 그래서 결국 중단하고 말았다.

또 요가가 좋다고 해서 6월 12일 요가 학원에 찾아가 사정을 이야기하고 원장이 직접 지도하는 프리미엄 코스 요가를 신청했다. 일주일에 두 번, 화요일과 목요일에 하기로 했는데 혼자 하면 힘드니까 일주일에 한 번은 혼자, 또 한 번은 딸과 같이 하는 걸로 했다.

6월 18일 첫 번째, 6월 20일 두 번째 수업을 받았다. 신체 윗부분과 아랫부분을 반대편으로 움직이면서 스트레칭하는 자세부터 고양이 자세, 뱀 자세, 강아지 자세, 나무 자세 등의 동작을 배웠다. 요가 선생은 나더러 몸이 유연하고 잘 따라 한다면서 자꾸 진도를 나가려고 했다.

그런데 7월 4일 변비로 119에 실려 응급실에 간 이후부터는 점점

50   근육이 마구 떨리는데 마음의 병이라니!

힘들어졌다. 7월 9일은 요가를 다녀와서 녹초가 되었고, 7월 11일은 목이 뻣뻣해지고 컨디션이 안 좋아졌다.

7월 16일은 요가를 다녀온 후 너무 지쳐서 저녁도 먹을 수가 없었다.

처음에는 걸어서 다녔는데 나중에는 도저히 걸어갈 수 없어 차로 가게 되었고, 갈수록 힘들어져서 요가를 다녀오면 완전히 널브러져 저녁도 못 먹을 지경이 되었다. 열두 번 하기로 한 것 중 세 번이 남았지만 나아지면 가겠다고 하고 그만두었다.

시간이 갈수록 등 근육이 제멋대로 씰룩거리고 떨리면서 점점 굳어지기 시작했다. 등 근육이 비자발적으로 운동하면서 저절로 근육이 강해지고 딱딱해진 모양이었다. 그럴수록 내 마음도 덜덜 떨렸다. 나는 만져 볼 수가 없어서 어떤지 모르지만, 가족들이 손으로 등 근육을 힘껏 눌러도 어찌나 딴딴한지 전혀 들어가지 않는다고 했다.

등 근육을 풀려면 지압이나 안마가 좋을 것 같다고 해서 6월 4일부터 아들 친구가 소개한 곳에서 지압을 받기 시작했다. 아들도 다리가 아파 절뚝절뚝 절기까지 하다가 이곳에서 지압을 받고 나았다고 했다. 나도 전에 다리나 허리가 아플 때 가끔 지압을 받은 적이 있었다. 그래서 혹시나 하는 마음에 지압을 받으러 다니기 시작했다. 처음에는 매일, 나중에는 일주일에 3일씩 다녔다.

지압사는 집에서 가자면 40분 정도 걸리는 마포에 있어서 차가 필요했다. 그래서 남편은 2018년 급발진 사고 이후 없앴던 차를 다시 사고, 운행을 도와줄 김 기사를 고용했다.

나중에 시동생에게 당시 남편의 결심을 전해 들었다. 남편은 내가 아프기 시작하자 반드시 낫도록 무엇이든 할 거라고 했다고 한다. 차를 다시 사고 기사를 고용한 것도 그래서였을 것이다. 이전의 검약하던 남편으로서는 상상할 수 없는 파격이었다. 차가 없던 처음 얼마간은 조카가 데려다주다가 차를 사고 나서부터는 김 기사가 나를 도와 주었다. 새로 산 차는 조수석이 뒤로 끝까지 젖혀지지 않아서 사자마자 뒤로 넘어가도록 수리했다.

차를 타는 동안 나는 조수석 의자에 앉아 등받이를 최대한 뒤로 젖히고 거의 누운 상태로 있었다. 손으로 무언가를 잡지 않으면 가만히 누워 있을 수가 없어 차 유리창 위 걸개에 손으로 잡을 수 있는 끈과 줄을 여러 개 걸어 놓았다. 오른손으로 앞쪽 끈을 잡았다가 뒤쪽 줄을 잡았다가 하면서 누워서 갔다. 가는 동안 하늘만 보였다. 휙휙 지나가는 하늘도, 그 하늘을 보는 나도 무심했다.

가는 길은 대체로 올림픽대로를 통해 마포대교로 한강을 건너거나, 동작대교를 통해 한강을 건너가서 강변북로로 갔는데, 상당히 멀다는 생각이 들었다. 차에서 내려 엘리베이터를 타고 2층까지 올라가는 것도 힘들었고, 지압이 끝나고 1층으로 나와 몇 개의 계단을 내려오는 걸음도 천근만근이었다.

김 기사는 매일매일 무너져 가는 나를 보며 무척이나 안타까워했다.

"아프면 말씀하세요."

지압을 받는 내내 지압사가 반응을 물었다.

"괜찮아요. 아직 별 느낌 없어요."

나는 시원한지도 모르겠고 그저 불편하기만 했다. 한쪽이 좀 풀리는 느낌이 오는 듯하면 또 다른 쪽이 뻣뻣해지는 느낌이었다. 또 엎드리는 자세가 너무 힘들어 옆으로 누운 자세로 지압을 해 달라고 했다. 그랬는데도 도무지 편안하지 않았다.

"지금은 좀 어떠세요, 시원하신가요?"

"잘 모르겠네요, 좀 더 세게 해도 좋겠어요."

지압사가 땀을 뻘뻘 흘리면서 힘껏 지압해도 나는 별 느낌도 없고 아프지도 않았다. 지압사가 말하기를 내 팔을 돌리면서 어깨를 지압할 때 겨우 지압할 수 있는 틈이 보인다고 했다.

또 지압사가 내 두 팔을 목 뒤로 깍지를 끼게 하고 기합을 주며 "탁!" 하고 어깨를 조였다 풀면 어깨나 목이 약간 풀린 듯한 느낌이 들었다. 그런데 지압을 받는 동안은 좀 괜찮은 듯했지만, 긴 시간 불편한 자세로 차를 타서 그런지 집에 돌아오면 다시 상태가 나빠졌다. 그런 일들이 반복됐다.

남편 생각으로는 지압은 괜찮은데 지압 후에 차를 오래 타고 다니는 것이 좋지 않은 것 같다고 했다. 그래서 남편이 수소문해서 북창동에서 잘한다는 시각장애인 안마사를 집으로 불러 안마를 받았다. 안마사가 일이 끝나는 저녁 시간에 맞춰 기사가 모셔 오고, 안마가 끝나면 다시 데려다주는 식으로 했다. 처음에는 평소에 쓰던 안방 침대 발치에서 했는데 안마사가 움직이기 불편한 것 같아서 안마 침대까지 하나 샀다.

안마사도 처음에는 할 만하다고 의욕을 보였으나 몇 번 더 하고 나서는 손을 놓았다. 안마사가 뭉친 근육을 풀려고 힘을 주면 이에 비례해서 비자발적 근육 운동도 상당히 격렬해졌다. 담이 돌아다니는 것처럼, 근육에서도 풍선 효과가 나타나는 것이다.

이쪽을 풀면 다른 쪽이 또 불쑥불쑥, 거기를 풀어 주면 또 그 옆이 움찔거리며 들썩들썩했다. 그러니 몸과 등 근육의 뭉침을 풀려고 아무리 애를 써도 동시적으로 몸 전체가 이완되지 않으니까 안마사가 오히려 힘에 겨운 상황까지 가는 것 같았다.

안마사는 나 같은 경우는 매우 특이한 사례라며 아무래도 안 되겠다고 했다. 있는 힘을 다해 안마하면 다른 사람들은 아파 죽겠다고 비명을 지르는데 나는 전혀 아프지 않다고 하니까 너무 이상하다는 것이다. 아마도 내 등 근육이 너무나 딴딴하게 굳어서 그런 건지도 모르겠다. 안마를 하면 내 근육이 거기에 저항하는지 오히려 더 굳어진다니….

실제로 밤에는 자극받은 근육들이 오히려 더 날뛰듯 떨리는 바람에 이상운동 부위는 묵지근하고 뻐근했으며, 뻣뻣하고 팽팽하게 잡아당기는 듯한 통증 때문에 잠이 들려면 몹시 힘들었다. 엎치락뒤치락 뒤척뒤척, 일어나서 서성이다 또 누워 엎치락뒤치락 뒤척뒤척….

그럴 때는 약도 다 소용없었다. 그래서 결국 안마도 포기했다.

2장

떨림, 강직, 마비로 뒤척이는 하루하루

통제 불능이 된 신체시스템

"목과 등이 와들와들 떨리면서 뻐근한 통증에 몸은
바윗덩어리가 누르듯 무거운 느낌이 되면 정말 미칠 것 같았다."

변비로 119에 실려 가다니

쿠당탕! 나는 탈진해서 화장실 바닥에 쓰러지고 말았다.

7월 4일 아침에 일어나서 화장실에 갔는데 아무리 힘을 주어도 변이 나오지 않았다. 변비라니! 어릴 때부터 설사를 자주 해서 어머니가 종종 쓰디쓴 익모초를 달여 먹일 정도였고, 이제껏 한 번도 변비로 고생해 본 적이 없었다. 하지만 계속 누워만 있다 보니 변비가 온 것이다.

한참을 몸을 뒤틀고 어찌해 보면서 혼자 애를 썼다. 가뜩이나 몸이 떨려 땀이 나는데다 얼굴이 벌게질 정도로 온 힘을 썼더니 이마에서는 땀이 맺혀 뚝뚝 떨어지고 몸은 축축하게 젖었다. 애 낳을 때도 이렇게 힘을 썼던가 하고 기억을 더듬어 봤다. 한 번, 쉬었다 또 한 번,

그러기를 수십 번을 시도했지만 묵직한 아랫배는 요지부동이었다. 도저히 안 되겠다 싶어 포기하고 일어날까 했는데 기운이 하나도 없었다. 잠깐 어질어질했다. 그렇다고 화장실에 있다가 자고 있는 남편을 부르기도 미안한 일이라고 생각한 순간, 몸이 고꾸라졌다.

그때 잠에서 깬 남편이 놀라서 달려왔다.
"하이고, 이 사람아, 날 부르지. 왜 이러고 있었어."
상황을 파악한 남편이 좌약을 넣어 주었지만, 소용이 없었다. 남편은 이럴 게 아니라 병원에 가자고 부축해 침실로 끌고 나왔다. 나는 걷기는커녕 일어설 수도, 몸을 가눌 수도 없었다.

그러는 사이 시간이 좀 흘렀던 모양이다. 마침 아파트 같은 동에 살고 있는 아들이 아침 인사차 올라왔다. 아들은 축 처져 있는 나를 보더니 이런 상태로는 병원에 가기 힘들다며 119 구급차를 불렀다. 금방 구급차가 왔다. 겨우 겉옷을 걸치고 들것에 실려 구급차에 올랐다.
구급차에는 보호자 한 사람만 탈 수 있다고 해서 아들이 나와 함께 가고 남편은 자가용으로 뒤따라오기로 했다. 너무 힘들어 저절로 눈이 감겼다.
"눈 떠보세요. 환자분, 눈 떠보세요."
119대원이 중간중간 상태를 확인하며 눈을 뜨라고 말했다. 눈을 감고 있으면 기절했다고 생각하는 모양이었다. 성모병원이 가까웠지만, 그곳은 위급한 환자만 받는다고 해서 중앙대병원 응급실로 갔다.

병원에 도착하여 먼저 복부 엑스레이를 찍었다. 잠시 후에 의사가 와서 엑스레이를 보더니, 장이 꽉 차 있다고 하면서 얼마나 변이 마려웠을까 하며 안타까워했다. 그리고 처치를 해 주었다. 그걸 말로 다 표현하기는 어렵다. 의사가 처치하면서 이렇게 변비가 심한 것은 처음 보았다고 했다. 남편이 옆에 있으면서 못 볼 꼴 다 보고 고생을 단단히 했을 것이다. 그는 이처럼 많은 변이 사람 몸에 있다는 것이 놀랍다고 했다. 간신히 처치를 마치고 나오니 신발이 없었다. 들것에 실려 나오느라 신발을 챙기지 못한 것이다. 결국, 양말 바람으로 집에 돌아왔다.

문제는 집에 돌아온 뒤부터였다. 병원에서 처방해 준 약을 먹으려면 뭔가를 먹어야 했다. 뭘 먹으려면 앉아야 하는데 도대체 몸이 까부라져 가누지를 못했다. 내 몸이 바다에서 건져낸 해파리 같다는 생각이 들었다.

남편이 뒤에서 비스듬히 받치고, 딸이 내 입에 미음을 떠 넣어 주어도 삼키기조차 어려웠다. 한 모금 받아먹으면 그대로 픽, 쓰러졌다. 다시 몸을 비스듬히 일으켜 세우면 미음도 먹기 힘들어 조그만 수박 한 알갱이를 먹었다. 수박은 그래도 물기가 있어서 삼키기도 좋고 시원했다.

간신히 미음 세 숟가락, 수박 세 알갱이를 먹고 더 이상 못 먹겠다고 쓰러져 버렸다. 그리고 약을 먹었다. 최악의 컨디션이었다. 그걸 보고 남편은 내가 기운을 회복하지 않으면 안 되겠다고 생각했는지 나보고 자꾸 걸어야 한다고 말하기 시작했다.

불면증, 그 지독한 수면 장애

엎친 데 덮친다고, 불면증이 점점 심해졌다. 어쩌면 이 병도 그동안 잠을 제대로 못 자서 생긴 것이라고도 할 수 있다. 늦게 자는 것은 오래된 버릇이었다. 더군다나 2월부터 5월 사이에는 일이 많아져서 잠을 더 자지 못했다.

문제는 약을 먹고서도 잠을 제대로 자지 못한다는 것이었다. 병원에서 처방해 준 약을 복용했어도 잠을 못 자는 날이 많아졌고, 잠이 오지 않을 때 먹으라는 약인 리보트릴을 먹고 간신히 잠이 들 때가 많아졌다. 불면증이 심해지는 것이 약의 효과인지 그 반작용인지 내 몸 속에서 일어나는 일이지만 도무지 알 수 없었다.

저녁을 먹고 약을 한 번 복용한 다음 1시간 반 정도 지나면 잠이 들어야 정상이다. 하지만 쉽게 잠에 빠지지 못해 추가로 약을 한 번 더 먹어야 하는 날이 많아졌다. 그것도 몸 상태가 좋은 날일 때의 경우이고, 더 나쁜 날은 새벽 한두 시가 넘도록 잠이 안 와서 한 번 더 약을 먹을 때도 있었다.

어떻게든 몸이 떨리는 괴로운 상태를 벗어나고 싶어서 약을 먹고 잠들려는 건데, 약을 가능한 안 먹고 잠들어 보려고 버티는 것도 스트레스, 먹고도 잠이 금방 안 오는 것도 스트레스가 됐다.

어쨌든 잠자리에 들어서는 몸을 최대한 느긋하게 하려고 애썼다. 하지만 목 근육들이 사납게 움찔거리면서 목을 조이듯이 막 잡아당기면 턱턱, 숨이 막혀 왔다. 등의 근육은 꽁꽁 얼려 만든 단단한 눈 뭉치처럼 덩어리를 만들어 불뚝불뚝 뛰었다. 목과 등이 와들와들 떨리면서 뻐근한 통증에 몸이 바윗덩어리가 누르듯 무거운 상태가 되면 정말 미칠 것 같았다. 망나니처럼 몸을 이리저리 뒤흔들며 발버둥치지만 오히려 헤어날 수 없는 늪으로 빨려 들어가는 느낌이었다.

괴로움에 뒤척이는 나를 위해 남편은 할 수 있는 스트레칭은 모두 해보고 그것도 안 되면 내가 잠들 때까지 침대에서 내려와 있거나 아예 서재로 나가 기다렸다.

그것도 저것도 다 소용없는 날은 그저 엉엉 우는 수밖에 없었다. 어린애처럼 울다가 잠드는 것이다. 남편도 어쩔 도리가 없었다. 그저 나를 안아 주고, 내 눈물을 닦아 주고, 같이 손잡고 '주기도문' 노래를 불러 주기도 하면서 최대한 진정시켜 주려고 애썼다.

아무리 자세를 바꾸고 뒤척여도 안 되니 나중에는 침대에 거꾸로 누워 자기 시작했다. 침대 머리 쪽에 다리를 두고, 침대 발치에 머리를 두고 잤다. 잠자기 전에는 딸이 와서 얼굴을 화장수로 씻어내고 로션을 발라 준 다음에 팔 돌리기나 노 젓기 등으로 근육 이완 운동을 해 주었다.

남편도 나와 마찬가지로 거꾸로 잤다. 잠을 못 자거나 자다 깬 후 다시 잠들기 어려울 때, 남편이 내 팔을 돌리거나 노 젓기 운동을 해 주기 위해서였다. 내가 침대 발치에 머리를 두고 자면 남편이 그 앞에 의자를 놓고 앉아서 팔 운동을 시켜 줄 수 있었다. 침대 머리 방향으로 잘 때보다 더 많이 스트레칭을 할 수 있었다. 내가 겨우 잠드는 걸 본 다음에야 잠을 잤던 남편이 수면 부족에 시달리는 것도 나로서는 무척 신경 쓰이고 미안한 일이었다.

목 떨림과 경직된 등 근육, 쏟아지는 땀

상태가 점점 악화되자 남편은 내 목과 등의 근육 떨림을 비디오로 찍어 기록했다. 남편의 일기에는 이런 대목이 있다.

"아내가 화장실에서 소변을 볼 때, 휴지를 떼는 행동, 물 내리는 스위치를 돌리는 행동 등이 딱딱하고 급격해서 흡사 만화를 보는 것 같다. 행동이 자연스럽게 연결되지 않고 단절되어 이어진다. 부자연스러운 신체의 장면이었다. 상태의 추이를 봐야겠다 싶어 목 떠는 모습을 캠코더에 담았다. 왼쪽보다 오른쪽이 훨씬 더 심한 것처럼 보였다. 목이 뻣뻣해지고 꽉 조이는 느낌이어서 손을 쓰기가 매우 힘들게 되었다."

그리고는 7월 16일 박정이 교수 진료 때 비디오와 내 몸 상태를 정리해서 적은 글을 보여 주며 참고하게 했다. 남편의 글에는 나의 몸 떨림 진행 과정, 진료와 처방에 대한 경과, 환자의 절실한 의문과 필요 그리고 환자가 알고 싶은 것 등이 정리되어 있었다.

"첫째, 몸 떨림 진행 과정은 이런 상태다. 6월 3일 첫 진료할 때만 해도 앉고 걷는 행동에 큰 지장이 없었으나 현재는 목과 연결된 등의 근육 수축·경직이 심해 앉아 있는 것이 힘들고 누워 있는 경우가 많다. 누워 있더라도 조용히 누워 있지 못하고 이상근육운동에 대한 반응인지 계속 몸을 좌우로 돌리고 이와 함께 팔과 다리를 움직인다.

손을 사용하는 일체의 행동이 매우 힘들어졌다. 식사, 물 마시기, 샤워, 양치질 등 결과적으로 일상생활이 매우 힘들어졌다. 말하는 것도 힘이 들어가고 불편한 경우도 있다. 식사 때 가족이 음식을 아내의 입에 넣어 주는 경우가 늘어난다. 그때도 음식을 삼키는 것이 힘들고 땀을 많이 흘린다. 물을 마시는데도 목 주위의 근육이 움직여 행위가 급하고 힘이 든다. 진료 과정에서 상황이 개선되기보다는 점점 악화되고 있다는 느낌을 받는다.

둘째, 진료 및 처방에 대한 상황은 이렇다. 처방된 약의 복용을 아침 1회로 조정했으나, 밤이 되면 증상이 더 심해져 목과 몸이 뻣뻣해 잠자기 힘들다. 그래서 최근 3일은 알프람을 복용하고 잠을 잤다. 요가를 일주일에 두 번 방배동 전문가의 교실에서 1시간씩 받았다. 원장과 함께 단둘이 요가를 수행할 때는 유연하게 잘하는 것처럼 보였다. 원장도 그렇게 말했다. 그러나 1시간의 요가를 마치고 집에 오면 너무 피곤해지고 목 근육의 운동이 심해져 누워 있게 되고 저녁을 못 먹는 경우도 발생한다.

그 외 이상근육운동을 진정시키기 위해 보톡스 주사를 맞는 것이 좋은가. 알프람 같은 근육이완제를 계속 복용해야 하는가. 처방된 약의 효과가 나타난다고 볼 수 있는가. 요가를 권장했는데 부작용이 크다, 이를 계속해야 하는가. 여기서 더 나빠질 수도 있는가?"

박 교수는 비디오를 보고 심하다고 생각했는지 만일의 경우에 대비하여 헌팅턴 유전자 검사를 해보자고 했다. 이 검사는 춤추는 듯이 몸이 비자발적으로 움직인다는 '무도증'이 의심될 때 하는 것이라고 했다. 나는 그사이 어디선가 들었던 치료 정보도 재차 물어보았다. 친구가 눈꺼풀이 계속 떨려서 진료를 받고 있는데 몇 달에 한 번씩 보톡스 주사를 맞는 식으로 해결한다는 사례를 들었다. 나도 일상생활이 매우 어려운 상태라서 보톡스를 맞으면 좋아질 수 있는 거 아닌가 하는 생각에서였다. 박 교수는 그럴 수도 있지만, 내 경우에는 떨리는 근육의 범위가 워낙 넓어서 어렵고, 원칙적으로 장려하지 않는다고 했다.

이날 처방으로는 그동안 써 왔던 근육이완제 알프람과 항우울제 렉사프로를 계속 사용하되 진료 당일부터는 경련 치료제인 리보트릴이라는 약을 추가해서 약이 세 가지로 늘어났다. 아침에 리보트릴과 렉사프로를, 저녁에는 알프람을 복용하고 밤에 잠을 못 자면 리보트릴을 먹으라고 하고는 두 달 후에 경과를 보자고 했다.

진료를 받고 집에 와서는 너무 힘들어서 저녁을 먹지 못했다. 이후 며칠간 목이 뻣뻣해서 앉기도 힘들고, 서서 걷기도 힘들며 목과 연결된 등의 근육 수축·경직이 심해 앉아 있는 것이 힘들어 누워 있는 경우가 많았다. 누워 있어도 이상근육운동에 대한 반응인지 계속 몸을 좌우로 뒤척거리며 돌리고, 손과 발도 함께 움직였다.

그렇게 며칠을 지내다 아무래도 가시적인 '치료'를 받았으면 해서 7월 23일 강남성모병원 재활의학과 L 교수를 찾아갔다. 첫 진료에서 서울대병원 자료 등을 모두 제출하고 면담을 하며 꽤 시간을 썼지만, 나 같은 환자를 위한 재활프로그램은 없다는 이야기를 들었다.

그래도 이왕 간 김에 물리치료라도 받아 보려고 했지만 전기로 하는 것이라 별 도움이 되지 않았다. 나중에 김 기사가 검색해 본 바로는, 정형외과에서 사용하는 물리치료는 1 대 1로 도수치료를 하는 재활프로그램이지만, 신경과의 경우는 전기를 통한 치료가 대부분이라고 했다.

마비라는 공포가 현실이 되다

"내가 내 맘대로 몸을 움직이지 못하는 끔찍한 일이
현실이 될 수도 있었다. 아니 이미 그렇게 되어 가고 있었다."

팔, 손가락, 목, 입, 혀까지 굳어지고

목과 등 근육의 떨림과 강직은 몸의 다른 부위로도 영향을 미치기 시작했다. 목에서 위쪽으로는 머리 쪽에 있는 모든 기능을 떨어뜨리고, 아래쪽으로는 어깨와 등, 팔, 손가락 등 말단 부위의 움직임까지 정상적으로 기능하지 못하게 했다. 전반적으로 상체의 운동기능과 연관 작업기능은 엉망이 된 것이다.

문제는 떨림과 강직뿐만 아니라 오른쪽 팔이 역기처럼 무거워지면서 손가락이 마비되기 시작했다는 것이다. 팔이 뻣뻣해지는 느낌이 들더니 손가락까지 뻑뻑해지고 감각이 무뎌지는 것 같았다.

나는 점점 불안과 공포에 사로잡혀 갔다. 이제 손과 팔, 목을 사용하는 일체의 행동과 식사, 물 마시기, 샤워, 양치질하기 등의 일상생활이 매우 힘들어지게 되는 것이다. 내가 내 맘대로 몸을 움직이지 못하는 끔찍한 일이 현실이 될 수도 있었다. 아니 이미 그렇게 되어가고 있었다.

결국 밥도 떠먹여 줘야 하는 상태가 되었다. 식사 때는 수저를 들어올릴 수도 없었다. 식탁에 앉을 수 없어서 서서 보행기를 짚고 버티고 있으면, 식탁 위에 또 하나의 작은 상 같은 것을 놓았다. 그 위에 음식을 올려놓고 내가 '아~' 하고 입을 억지로 벌리면 딸이 내 입에 떠 넣어 주는 방식으로 밥을 먹게 되었다. 아무리 야무지게 먹으려 해도 조금씩 음식을 흘리는 건 일도 아니었다.

아무 움직임 없이 그저 입을 벌리고 음식을 씹어 목으로 넘겨 삼키는 것이 어찌나 힘든지 땀이 줄줄 흘렀다. 몸이 스스로 떨며 운동을 해서 땀을 내는 것도 있었고, 어떻게든 안간힘을 쓰며 바른 자세와 동작을 취해 보려는 내 의지 때문에도 땀이 많이 났다.

이제는 혀도 제대로 움직이지 않았다. 밥 먹다가 혀를 꽉 깨무는 바람에 입에서 피가 쏟아져 나오기 일쑤였다. 한 번 씹힌 혓바닥이 부푼 상태에서 다음에 밥 먹을 때 또 씹혀 온전한 날이 없었다. 결국, 혓바닥에 색깔도 다른 이상한 근육이 생기고 말았다. 혀와 턱이 뭔가 묶여 있는 것처럼 둔해지자 점차 말하는 것도 힘이 들어가고 어눌해지고 불편해졌다. 이런 것에 대한 자각 증세로 말하기를 꺼리게 되고 말하는 것도 더 어렵게 되었다.

목과 턱, 고개가 덜덜 떨리는 통에 재빨리 입을 다물고 물을 삼키기가 쉽지 않았다. 물 마시는데도 목 주위의 근육이 제멋대로 움직이고 힘이 들어갔다. 그래서 물 먹을 때는 꼭 빨대를 사용해야 했다. 다행히 딸이 실리콘으로 된 부드럽고 큰 빨대를 여러 개 사 와서 하나는 한약 먹는 것으로, 다른 것은 물 마시는 것으로 정해 놓고 썼다.

샴푸도 양치질도 내 손으로 못 해

손가락 마비는 시간을 두고 서서히 왔다. 처음에는 검지 하나가 감각이 무뎌졌다. 차차 다른 손가락들도 하나씩 마비되기 시작하더니 결국 양쪽의 모든 손가락이 마비되었다. 이렇게 되니 식사나 물 마시기 말고도 다른 위생 활동도 어려워졌다. 세수하기가 불편해져 딸이 화장수와 로션으로 닦아 주었다.

그런데 다른 것은 몰라도 양치질은 다른 사람이 해 주기가 곤란했다.

어느 날이었다. 남편이 양치를 도와주려고 했지만 시원하지 않아서 어떻게든 내가 해보려고 했다. 양치하는 동작이 로봇처럼 뚝뚝 끊어지고 칫솔의 방향을 바꾸기가 힘들어 자유롭지 않은 상태의 턱과 입이 비틀어졌다.

1부 나에게 왜 이런 일이   69

그런 내 모습을 거울에서 보면 '거울 속 저 사람이 누구지?' 할 정도로 표정이 기묘했다. 나도 모르게 엄청 힘이 들어가고 인상을 쓴 탓이다. 가능한 입도 크게 벌리고 칫솔을 치아 안쪽으로 넣어 닦을 때 점점 숨이 가빠졌다.

어쨌든 있는 힘을 다해 빨리하려고 애썼다. 그러다 보니 호흡이 불편해지기 시작했다. 입안에는 치약 거품이 잔뜩 들었고 숨은 쉴 수가 없었다. 당황하다 보니 숨이 더 가빠졌다. 나는 몸을 버둥대며 어쩔 줄 모르고 급한 숨을 토해냈다.

남편은 서둘러 대충 헹궈 주고 헉헉대는 나를 데리고 나와 눕혀 주었다. 뭔가 큰 강도의 근육 조임이 목과 어깨에 오는 것 같았다. 남편이 손을 당겨 주면 어느 정도 지나 뻑뻑한 느낌이 풀어지고는 했는데 이날은 회복하기가 무척 힘들었다.

"숨을 후~~ 내쉬고, 마음을 편안하게, 숨을 내쉬고, 마음을 편안하게…."

남편은 이런 말을 반복하면서 내 양손을 당기며 이리저리 팔을 움직였다. 그러나 어림도 없었다.

나는 울음을 터트렸다. 도저히 어떻게 할 수 없는 상황이었다. 울기라도 하면 숨도 쉬어지고 마음도 좀 풀렸다. 그때까지 남편은 눈물을 닦아 주며 나를 다독여 주었다.

"걱정 마, 옆에 내가 있잖아. 당신 곁에 내가 항상 있을 거야. 좀 있으면 힘든 거 사라져."

일상적인 가벼운 양치질도 하지 못하는 바람에 호흡 곤란까지 이어진 것이다. 이런 일이 몇 번 생기자 남편은 아예 처음부터 자신이 해 주겠다고 했다.

샤워하는 것도 어려워졌다. 손가락이 마비되고 오른팔을 들어올리지 못하기 때문이었다. 그러자 남편이 내 머리를 감겨 주겠다고 했다. 남편은 세심히 애썼지만 남이 해 주니까 아무래도 불편했다.

어느 날은 샴푸로 거품을 내고 샤워기로 씻어 내리는데 귀와 코, 눈으로 거품이 들어와 눈이 따가웠다.

"나는 위에서 물이 떨어지는 것이 좋아!"

남편은 내 뜻대로 해 주었다. 그렇게 참고 끝내려고 했는데 남편이 샴푸를 또 한 번 하자고 했다. 나는 소리를 버럭 질렀다.

"싫어, 눈에 샴푸 다 들어갔어!"

"두 번 해야 깨끗하지."

"싫다니까, 난 두 번은 안 해. 눈을 못 뜨겠어."

남편은 잘해 주려고 하는데 내가 고마워하기는커녕 그런 반응을 보이니 당황하기도 하고, 실망도 했을 것이다. 이렇게 기분이 상하면 목과 근육에 영향이 온다. 그다음에 어떤 더 나쁜 상황이 벌어질지 알 수 없다.

남편은 조금 못마땅했을 텐데도 손을 당겨 주고 팔을 이리저리 풀어 주었다.

"당신의 마음이 편안해야 해. 불안하면 몸에 나쁜 영향을 미쳐."

나도 내 마음이 수시로 예민하게 변하는 것을 안다. 어쩌다가 내가 이렇게 '버럭' 대장에 고집쟁이가 됐는지 모르겠다.

어쨌거나 남이 해 주는 샴푸를 견디기가 힘들었다. 샴푸를 안 하고 샤워만 하는 날은 물을 틀어 놓고 그 밑에서 가만히 서 있었다. 샤워가 끝난 후 남편이 큰 타월로 몸을 닦고 감싸 주면, 나는 그대로 침대 위에 뻗어 누웠다. 예전의 평범한 일상이 눈물겹도록 그리웠다.

칼춤을 추는 감각들

이렇게 샤워가 힘들어지자 남편은 목욕하는 것이 더 좋을 것 같다고 했다. 서 있을 필요도 없고, 따뜻한 물에 몸을 담그고 있으면 피곤도 풀리고, 굳어 있는 몸도 좀 나아질 것 같다고 생각한 모양이다. 샴푸도 그 자리에서 할 수 있어 훨씬 편하지 않겠냐고 해서 그러자고 했다.

어느 날 남편이 따뜻한 물을 받아놓고 나보고 들어가라고 했다. 그런데 물에 두 발을 들여놓는 순간 너무 뜨거워서 비명을 질렀다.

"아악, 앗, 뜨거! 이거 뭐야, 너무 뜨겁잖아!"

나는 놀라다 못해 공포에 질려 탕에 서서 오도 가도 못 하고 소리만 질러 댔다. 턱과 목이 사정없이 떨렸다. 몸에서 열이 나는데 거기에 뜨거운 물로 자극을 주니 정신이 없었던 것 같다. 남편이 재빨리 찬물을 더 틀어 주었지만, 나는 빨리 꺼내 달라고 소리쳤다.

"어, 이것 별르 안 뜨겁게 한 건데…."

남편은 말은 그렇게 하면서도 황급히 나를 욕조에서 건져 주었다.

"내 몸이 정상이 아니잖아!"

나도 놀랐지만, 남편도 많이 놀란 것 같았다. 그 이후로 한동안 무서워서 목욕하지 못했다.

내가 내 몸을 마음대로 하지 못해 딴 사람이 내 몸을 씻어 주고 로션을 발라 주는 상태가 되자 고혈압으로 쓰러져 고생하셨던 어머니 생각이 났다.

어머니는 두 번 쓰러지셨는데 처음에는 병원에서 퇴원 후 산책도 하고 일상생활을 조금 하실 수 있었다. 하지만 두 번째 쓰러진 다음에는 병석에 누워 다시 일어나실 수 없었다. 흔히 말하는 중풍이었다.

지금 기억나는 것은 목욕을 시켜 드렸을 때 어머니가 좋아하셨던 모습이다. 며느리가 모시고 있었고 잘해 드렸지만, 목욕은 딸이 시켜 주는 것이 더 마음 편하셨던 것 같다. 입가에 미소를 띠며 좋아하셨다. 내 몸을 내가 마음대로 못해서 다른 사람이 목욕시켜 줄 때 그 기분이 어떠셨을까. 이제야 짐작이 갔다. 그나마도 자주 해 드리지 못한 것이 못내 아쉽다.

너무 무서워서 생각조차 떠올리기 힘들었던 장면도 있다. 어머니가 돌아가시기 몇 달 전부터 의식이 없는 상태에서 한쪽 팔이 마구 흔들리던 모습이었다. "엄마, 엄마." 하고 불러도 대답이 없으신데 한쪽 팔을 마구 흔들어 대셨다. 그 모습을 보면서 아무것도 할 수 없었던 것이 너무나 가슴이 아프고 후회가 된다.

꼼짝 못 하고 누워서 팔다리를 침실에 설치한 구조물에 연결된 고무줄에 매달고 허공을 마구 휘저어 대는 지금의 나를 생각하니 그 어머니의 모습이 지금의 내 모습 같아서 섬뜩하기도 하고 덜컥 겁이 나기도 한다. 나에게 미리 경고하셨던 건 아니었나 하는 생각도 들었다. 얼마 전에 내 맥을 짚어 보았던 한의사도 내 피가 탁하고 중풍기가 있다며 변비를 특히 조심하라고 주의를 주었다.

샤워가 끝나면 딸이나 남편이 얼굴과 몸에 로션을 발라 주고 누워 있으면 옷을 입혀 주었다. 나 혼자서는 일상생활 자체가 너무 힘들었다. 손에 들린 핸드폰으로 문자를 보내거나 전화를 한다든지, 사진을 찍거나 타이핑을 하는 것도 힘들어졌다.

헌팅턴 유전자 검사와 뇌척수액 검사를 받고

"나는 운동도 하지 않는데 몸은 저 혼자 더위를 느끼고,
내 피부는 땀을 쏟으며 더위를 식히느라 애쓰는 것이다."

혹시 유전적 요인, 아니면 뇌에 문제?

상황은 점점 안 좋아졌다. 남편은 심상치 않게 전개되는 내 증후를 보면서 더 적극적으로 간병에 나섰다. 8월 1일에는 남편이 박정이 교수에게 이메일을 보내고, 다음 날 남편이 동국대병원에 가서 새 처방을 받아 왔다. 나는 도저히 함께 갈 수 있는 상태가 아니었다. 남편이 8월 1일에 쓴 메일을 보면 당시 나의 악화된 몸 상태가 잘 드러나 있다.

"그럼에도 오늘 이메일을 드리는 이유는 한 가지 꼭 여쭙고 싶은 것이 있어서입니다. 환자는 목이 뻣뻣해지고 특히 오른쪽 목과 어깨가 떨리면서 또한 무거워져, 앉는 행위가 매우 불편하고, 손을 제대로 쓰기가 어려워져 식사 등을 가족이 돕고 있습니다.

많은 경우, 누워 있습니다. 누워 있다 하더라도 팔과 다리가 끊임 없이 좌우로 왔다 갔다 합니다. 근육의 비자발적 운동이 상당히 강 하기 때문에 땀이 많이 나고 결과적으로 운동량이 상당히 많을 것으로 추정합니다. 그래서 약물 투여를 통해 치유의 방향으로 가고 있 지만, 일상생활의 관점에서 위에 말씀드린 힘든 상태를 개선할 방법 이 없을까 하여, 호흡을 포함하여 여러 방안을 찾고 있는 중입니다.

오늘 이메일을 드리는 직접적인 문제는 환자의 수면에 관한 것입 니다. 현재 매일 밤 알프람을 한 알 먹고 있습니다. 그런데 때로는 효 과가 없어서 할 수 없이 시간이 지난 후에 한 알을 더 들고 자는 경 우도 있습니다. 환자의 수면에 관하여 혹시 어떤 방안이 있을지 여 쭙고자 합니다. 예컨대, 필요하다고 판단한다면 알프람 두 알을 복 용한다든지 아니면 다른 약, 통상 수면제라고 부르는 약을 먹는 것 이 좋을지, 환자를 진료하는 전문의에게 여쭙는 것이 좋을 것 같아 편지를 드립니다."

하지만 이렇다 할 특별한 방법은 없어 보였다. 남편이 가서 받아 온 새 처방은 기존의 약은 그대로 복용하되 알프람을 아침·점심·저 녁 하루에 3번, 리보트릴은 저녁에 먹고, 잠이 안 오면 리보트릴을 또 먹으라는 것이었다.

앞서 7월 16일 박 교수를 만난 날 저녁, 마음이 안 놓인 남편은 전범석 교수 앞으로 이메일을 보냈었다. 그간 상황을 설명하고 9월 11일로 잡혀 있던 진료를 앞당겨 줄 수 있는지 요청했다.

남편은 앞으로도 박 교수의 처방을 따르고 진료를 계속 받을 것이라고 썼다. 그렇지만 6월 초에서 7월 중순까지 한 달 반 정도의 치료에도 내 상황이 점점 더 악화되는 것처럼 보이고 불편이 너무 크다고 했다. 7월 16일 당일만 하더라도 서울 강남에서 일산의 병원으로 진료받으러 오가는 동안 편안한 차에 거의 누워서 이동했지만, 그마저도 큰 부담이 되어 집에 돌아온 후에는 계속 누워 지냈고 저녁도 먹을 수 없었다는 것도 이야기했다.

또 목 근육이 난폭하게 떨리고, 목과 등 윗부분이 너무 뻣뻣해서 앉을 수가 없어 식사하는 것도, 물을 마시는 것도 매우 힘들어했다는 것을 덧붙였다.

이런 상태이기 때문에 그동안의 과정을 전 교수께 알려 드리는 한편, 향후의 대책에 대해서도 다시 한번 고견을 듣는 기회를 갖고자 한다고 했다. 그러면서 목 부위의 이상운동 상태를 보여 주는 짧은 비디오를 첨부하여 보냈다.

그러자 전 교수는 자신이 눈 수술도 하고 국제 프로젝트를 맡은 것도 있어 상담은 할 수 없겠지만, 검사는 해 줄 수 있다는 답변을 보내왔다.

그렇게 해서 7월 29일 전범석 교수의 진료를 받게 되었다. 남편은 그간의 치료 과정을 정리해서 전 교수에게 보여 주었다.

"5월 29일 이후 진료 의뢰해 주신 동국대 일산병원 박 교수의 네 차례 진료를 받았고, 다음 예정 진료가 2019년 9월 17일이며 처방을 받아 복용 중인 약은 알프람, 렉사프로, 리보트릴이다. 상황이 갈수록 악화된다는 환자의 호소에 따라 박 교수가 헌팅턴 유전자 검사를 추가할 가능성을 언급했다.

환자가 느끼는 가장 큰 불편은 목이 너무 뻣뻣해서 앉기가 힘들고 서서 걷기도 힘들며, 식사나 양치질도 어렵고, 따라서 주로 누워 있는 경우가 많고 일상생활이 극히 어려워지고 있다는 점이다.

또한 박 교수 진료 외에 호흡으로 긴장을 이완하는 프로그램을 주 3회 하고 있고, 밤 8시 30분에 안마, 지압 전문가가 집에 와서 1시간 30분 정도 안마를 받고 있다."

이렇게 돼서 전 교수의 의뢰로 8월 5일 서울대병원에서 헌팅턴 유전자 검사를 했다. 검사하는 김에 자가면역 검사인 척수액 검사도 하자고 하여 아침에 가서 척수액을 빼고 오후 4시까지 7~8시간을 기다리며 누워 있다 돌아왔다. 검사 결과는 아무 문제도 없다는 것이었다.

앞서 말한 대로 6월 말부터 7월 중순까지 증상은 더욱 심해졌고 더구나 날씨가 덥기 시작하자 어려움은 더욱 가중되었다. 몸이 저절로 떨리기 때문에 가만히 있어도 자동으로 운동하는 셈이어서 몸에서 열이 발생하는데 날씨까지 더우니 견디기가 매우 어려웠다. 너무 더워서 내 방은 아침부터 밤까지 에어컨을 계속 켜놓아야 했다. 다른 사람이 들어오면 춥다고 했다. 실제로 내 팔다리는 얼음장처럼 차가웠다. 몸은 차가운데 더위에 헐떡거리는 기이한 일이 생긴 것이다.

어느 날 내가 남편이 침실에 설치해 준 구조물에 매 놓은 고무줄에 팔다리를 매달고 누워 있는데 남편이 다가와 어깨를 다독여 주려 했다.

"여보, 힘들지."

나는 대뜸 소리를 질렀다.

"아이, 더워, 저리 가."

손만 스쳐도 몸에 불이 나는 것 같았다. 남편은 얼마나 멋쩍었을까. 원래 우리는 에어컨 바람을 몹시 싫어해서 한여름에도 에어컨을 틀지 않고 지냈다. 그런데 이번에는 사정이 달라도 너무 달랐다. 나는 운동도 하지 않는데 몸은 저 혼자 더위를 느끼고, 내 피부는 땀을 쏟으며 그 더위를 식히느라 애쓰고 있는 것이다.

이렇게 힘들었던 7~8월 동안 남편과 딸이 전적으로 나를 돌봤다. 상황이 점점 악화되자 나는 마치 아기가 된 것처럼 남편에게 매달렸고, 남편이 없으면 불안해했다. 남편은 어지간하면 출근도 하지 않고 집에 있으면서 하루 종일 나를 돌봐 주었다.

약물은 치료일까 중독일까

이상운동증후군이라는 진단을 받은 후 사실 약물 처방 말고는 특별한 다른 의학적 처방 없이 치료를 계속했다. 명상이나 요가, 안마나 지압 같은 것들은 유사한 대증요법일 뿐이지 정확한 연구나 효과는 아직 검증된 바도 없는 게 현실이다. 나 역시 지푸라기라도 잡고 싶은 심정으로 무엇이든 좋다는 것은 해보려고 시도했지만, 효과는 명확하게 보이는 것 같지 않았다.

매일 몸에 좋다는 한약을 먹고 아침, 점심, 저녁 식사 후에는 중간중간 처방된 약을 복용했다. 이 약들은 항우울제, 공황장애 등에도 처방되는 것으로 한편으로는 몸을 이완시키는 효과를 내어 근육의 떨림을 완화시켜 주고 잠잠해질 수 있게 했다. 몸이 느슨해지면서 잠을 자면 몸 근육은 더욱 이완될 수 있기 때문이다.

그렇지만 강제적인 효과는 반작용도 있는 것 같았다. 아침을 먹고 약을 먹은 다음에는 졸음이 와서 자고, 또 일어나서 점심을 먹고 약을 먹고 또 낮잠을 자고, 저녁을 먹은 다음 또 약을 먹고 잠이 드는 것이다. 강제적인 수면은 어떤 면에서는 불면증을 더 자극하는 경향도 있었다. 약을 먹어도 잠을 잘 수 없는 상태까지 가게 되었으니 말이다.

어쨌든 이렇게 하루의 대부분을 잠에 취해 있다 보니 신체 활동은 거의 없고 누워 있게만 됐다. 결과적으로 이러한 일상은 체력 저하라는 악순환을 만드는 것이기도 했다. 매일 누워 있으니 활동이 줄어들고, 근육도 감소하고, 쉽게 피로를 느끼면서 기력이 떨어졌다. 그러니 기껏해야 팔다리를 구조물의 고무줄에 끼고 매달려 누워 있거나 할 정도고, 걷기는 점점 힘들어졌다. 그래서 보행기를 사용하여 의지하게 되고 그것은 또 근육을 약화시키는 원인이 되고….

당연히 대부분 환자가 느끼는 의욕 저하나 불안, 우울감도 있었지만, 약에 취해 집중력도 떨어지고 무기력해지는 것도 있었다. 나중에는 어지러움 증상도 생겼다.

또 소화기관의 기능도 들쭉날쭉 되어버렸다. 한동안 변비가 심하게 오다가 또 설사가 계속되기도 하고, 물을 아무리 마셔도 입이 바짝바짝 말랐다. 몸이 떨려서 자동적인 운동으로 땀을 많이 흘리는 탓도 있었지만, 입이 마르기도 해서 항상 물을 가지고 다녀야 했다. 물을 많이 마시다 보니 그것이 또 깊이 잠드는 것을 방해해서 한밤중에 깨는 원인이 되기도 했다.

그런데 나는 아픈 것에 비해 생각보다 식욕도 좋고 식사도 잘했다. 하지만 이상하게도 체중은 급격하게 빠졌다. 일부러 다이어트하고 싶었을 때가 그리울 정도로 앙상해졌다.

몸의 균형이 흐트러지게 되면서 한쪽으로는 긍정적인 요소가, 다른 편으로는 부정적인 영향이 있는 것 같았다. 하지만 다른 방도를 구할 수가 없었다.

이렇게 약물치료의 작용, 반작용을 몸으로 겪으면서 이상운동증후군을 버텨 나갔다.

아, 내 인생은 끝장났구나

"패닉하지 말고, 괜찮아, 자, 다시 해보자."
"엄마, 괜찮아, 곧 괜찮아질 거야."

호흡 곤란으로 비상 호출기를 달다

갑작스럽게 호흡이 막힐 때! 이제껏 아무리 심한 운동을 해도 그런 일은 경험해 보지 못했다. 그런데 저녁에 목과 등이 심하게 떨려서 숨이 막히는 일이 종종 일어났다. 누가 목을 조르는 것도 아닌데 숨을 제대로 쉴 수 없게 되는 상태가 엄습할 때는 공포 그 자체로 견디기 힘들었다. 이전에도 가끔 잘 안 되는 동작을 하느라 안간힘을 쓰다 호흡이 어려울 때도 있었지만 정말 위급한 상황도 벌어졌다.

8월 15일이었다. 창밖을 보니 비가 와서 날씨가 선선했다.
"오늘은 밖에 한 번 나가고 싶다!"
남편은 내 말을 기다렸다는 듯이 너무도 기뻐했다. 점심을 먹고 나서 가랑비가 조금 내렸지만, 남편은 우산을 들고 나섰다.

"아, 꽃들 좀 봐. 예쁘다."

우리는 정원을 돌아 구름카페에 가서 차도 한 잔 시켰다. 나는 앉는 것이 불편해서 서 있었지만 가볍게 몸을 흔들면서도 즐거웠다. 그러다 돌아와서 잠을 자고 일어났는데 어쩐 일인지 몸의 떨림이 심해졌다. 일어서려고 하면 어질어질 현기증까지 더했다. 딸과 남편이 스트레칭을 이리저리 해 주어서 조금 진정이 되는 듯싶었다.

그런데 저녁을 먹고도 영 목과 어깨가 불편해서 안마 의자를 사용해 보았다.

기계가 목 부분을 압박하고, 등과 허리를 통해 마사지할 때 내 몸은 많이 떨렸다. 나는 가능한 힘을 빼보려 했는데 자극이 너무 강했다. 결국, 통증을 참아가며 힘겨워하다 몇 분 만에 끝내고 바로 침대에 누워 버렸다. 남편이 두 손을 잡아당겨 주고 긴장을 풀어 주려고 애썼다. 그러다 잠깐 비타민을 타 주려고 주방에 간 사이였다. 곧 걷잡을 수 없는 떨림이 시작됐다.

"으악, 악, 얘야, 여보!"

딸을 불러 어떻게 좀 해보라고 할 사이도 없이 마구 목이 조여들고 당기면서 숨이 막혀 왔다. 나는 계속 외마디 비명을 질러댔다.

남편이 황급히 놀라 뛰어왔고 샤워 중이던 딸도 혼비백산해서 달려 나왔다. 남편과 딸이 두 팔을 머리 쪽으로 힘껏 잡아당기고 팔다리를 주무르며 진정시키려고 했다.

"날숨을 쉬어 봐. 자, 후우~~, 후우~~~."

나도 숨을 쉬려고 노력했지만, 뜻대로 되지 않았다. 나는 숨통이 막히고 죽을 것 같은 고통에 몸을 비틀고 마구 뒤척였다. 소용없었다. 나는 어쩔 줄 몰라 막 울기 시작했다.

"패닉하지 말고, 괜찮아, 자, 다시 해보자."

"엄마, 괜찮아, 곧 괜찮아질 거야."

남편과 딸이 진땀을 흘리며 진정시키고, 위로하고 호흡을 도왔다.

이때 울음이 터지면서 비로소 숨을 조금이라도 쉴 수 있게 되었다. 만약 집에 아무도 없거나 근처에 급히 와 줄 사람이 없었다면 나는 어떻게 되었을까.

정말 숨도 제대로 못 쉬고 말조차 제대로 나오지 않을 때는 '내 인생은 이제 끝났구나.'라는 절망감과 함께 '왜 나에게 이런 고통이 주어지나? 도대체 내가 무슨 큰 잘못을 저질렀기에 이런 일이 일어났을까?' 하는 생각이 들었다. 솔직히 죽고 싶다는 생각까지 들면서 나도 모르게 울음이 쏟아지기도 했다. 그럴 때는 남편을 붙잡고 큰 소리로 엉엉 울기도 했다.

그 당시 누군가 나한테 언제 제일 행복하냐고 물었다면 나는 "잠잘 때."라고 답했을 것이다. 그저 모든 고통으로부터 도망가고 싶을 뿐이었다. 걱정스러운 생각도 들지 않고, 아무 생각도 하지 않아도 되는 상태인 잠에 빠지는 게 차라리 낫겠다는 생각이 들었다.

이렇게 되자 나를 방에 혼자 두는 일이 걱정되었던 것 같다. 식구들이 의논하더니 초인종을 사다 설치했다. 낮에는 남편도 최소한의 일정은 소화해야 했기 때문에 항상 내 곁에 있을 수는 없었다. 그럴 때는 개인 사업을 하는 딸이 번갈아 나를 지켰다.

나는 하루 종일 침대 앞에 깔아놓은 요 위에 누워서 팔다리를 고무줄에 걸고 누워 있었다. 물을 마시고 싶거나 화장실을 가고 싶으면 누군가의 도움을 받아야 했다. 소리를 질러 사람을 부르기도 힘들고, 나가서 사람을 부르기도 어렵고 해서 침대 옆 손 닿기 좋은 곳에 초인종을 붙여 놓았다.

누르면 딸의 방에 소리가 나도록 장치를 해 두었다. 화장실에도 하나를 설치해 놓았다. 이렇게 하면 급할 때 딸이 와서 도와줄 수 있었다. 화장실에는 잡고 일어서는 줄을 이미 달아 놓았다.

정말 끝인가, 절망의 시간이 시작되다

일상생활이 힘들어지고 종종 숨쉬기조차 어렵게 되자 거의 절망적인 상태까지 간 것 같다. 친구들 모임에도 나가지 못하고 있는 사이, 내가 아프다는 것이 알려지자 친구들이 걱정하는 전화도 하고 문자도 보내왔다.

그러나 나는 거의 전화를 받지 않았다. 아니 받을 수가 없었다. 휴대폰을 들 수 없을 뿐더러 뭐라고 말해야 할지 마음의 준비도 되어 있지 않았다. 전화를 안 받으니 문자로 마음을 전하는 친구들도 있었다. 이런 소소한 전화와 문자들이 많은 위로가 되었다.

내 몸이 이토록 심각한 상태인지 모르는 사람들은 "몸은 좀 어떠세요?" 정도의 문자를 보내 주었고, 구체적으로 아는 친구들은 걱정과 위로를 담아 연락을 해 주었다. 하지만 내 대답은 "아직 업 앤 다운." 이라는 말뿐이었다. 뭐라고 다른 말을 쓸 수가 없었다.

"영희야, 소식 듣고 놀라서 전화했는데 안 받네. 병원에서 모른다면 다른 쪽을 찾아봐야겠지? 맥 잘 보는 사람, 침 잘 놓는 사람 등을 수소문해 보면 어떨까? 희망과 용기를 가지고 적극적으로 대처하면 좋은 결과도 있을 거야. 얼른 회복해서 웃으며 만나기를 기다릴게."
대학 친구 1, 2019. 6. 27.

"가평에 와 있어. 여긴 그래도 좀 시원하네. 새벽에 깨서 네 생각을 한다. 지난주부터 계속 네 생각. 어떻게 지내고 있는지…."대학 친구 2, 2019. 7. 23.

"영희야, 요즘은 좀 어떠니?"대학 친구 3, 2019. 8. 24.

"어서 나아지면 좋겠다. 어디 명의가 없으려나. 실은 일본서 본 텔레비전 프로그램이 생각나서 그러는데 일본에는 네 증상의 원인을 찾아줄 의사 없을까?"대학 친구 3, 2019. 8. 24.

오른손이 올라가지 않아서 왼손으로 포크를 잡고 밥을 먹는다는 말을 들은 한 대학 친구는 수전증 환자를 위해 쉽게 밥 먹을 수 있는 수저가 있으니 그걸 구해 보면 어떠냐고 하기도 했다.

"영희야, 널 위해 열심히 기도할게. 분명 길이 있을 거야. 더운 날 씨니까 영양가 있는 걸로 많이 먹고 푹 쉬고 좋은 생각만 하도록…." 여고 친구 1. 2019. 8. 9.

"전화 받지 않네. 통화는 가능하다고 해서 전화해 봤는데 걱정되고 조심스럽네…. 괜찮다면 근처에서 한번 보면 좋겠는데…. 편한 시간에 전화 주면 좋겠는데, 무리한 부탁일까? 답신은 안 해도 괜찮아. 조속한 회복 늘 기도할게."여고 친구 2. 2019. 10. 2.

또 한 친구는 남편이 삼성병원에 입원해서 자주 가는데 거기서 25주년을 맞아 '25주년 기념 소원볼 쓰기' 대회가 있었다며 초록색 볼에 이렇게 썼다고 했다.

"심영희 쾌유를 빕니다."여고 친구 3. 2019. 12. 18.

어느 날 같은 대학, 같은 과를 나와서 교수가 된 친구한테서 전화가 왔다. 처음 전화가 왔을 때는 6월 15일이었고, 다음에 전화가 온 것은 8월 23일이었다. 6월은 그나마 사정이 나았을 때였고, 8월은 최고로 상황이 나빴을 때였다. 그 두 번 중 언제였는지는 잘 모르겠

88 근육이 마구 떨리는데 마음의 병이라니!

다. 아픈 후부터 휴대폰을 잘 들지 못하여 스피커폰으로 전화를 받
았는데 이상하게 아픈데도 목소리는 더 커졌다.

아프다는 것을 숨기기 위해서였는지도 모르겠다. 마음속은 복잡
했지만, 겉으로는 명랑한 척했을 수도 있다. 그런데 마음을 완전히
숨기기는 어려웠던 모양이었다. 이런저런 이야기를 하다가 나도 모
르게 마음을 털어놓았다.

"이제 내 인생은 끝장났구나, 하는 생각이 들었어. 그래서 엉엉 울
었어."

그러면서 겉으로는 마치 지나간 일을 말하는 것처럼 태연한 척했
다. 전화를 끊고 나서는 마음이 너무 아파 한참 동안 소리 없이 울
었다.

정말 내 인생은 이제 끝장난 것인가.

달라진 이상운동 패턴, 나 이젠 어떡하지?

"팔을 조금이라도 들어올려 보려고 했지만 커다란 쇳덩이
역기를 드는 것처럼 무겁게 느껴지고 꿈쩍도 하지 않았다."

근육 떨림에서 뻣뻣하게 굳어짐으로

언제부터였는지 모르겠지만 남편은 매번 집에서 요양하는 상태를
메모해서 다음 진료를 준비해 갔다. 이것은 나와 간병하는 가족들에
게도 도움이 되었고, 극히 짧은 동안 진행되는 진료 시간에 정확한
정보를 의료진에게 전달해 측면 지원해 주는 효과도 있었다.

기껏해야 2~3분에 불과한 우리나라 대형병원의 환자당 평균 진료
시간이 얼마나 부족한 것인지는 두말할 필요도 없을 것이다. 또 나
같이 장기치료를 하는 환자는 눈에 띄는 변화도 없어서 한두 달 이상
간격으로 띄엄띄엄 진료하게 된다. 그런 만큼 주치의라 하더라도 환
자를 기억하기 힘들 뿐더러 진료 자료도 대면 직전에나 쓱 훑어보는
게 전부다. 환자가 적극적으로 뭔가를 요구해야 하는 구조인 것이다.

90 근육이 마구 떨리는데 마음의 병이라니!

2019년 9월 11일 전범석 교수의 진료가 있어서 서울대병원에 갔다.

5월 20일 첫 진료를 받은 후, 5월 26일부터 30일까지 입원 검사를 했었고, 8월 5일 헌팅턴 유전자 검사와 척수액 검사를 한 후 그 결과를 알아보는 진료였다. 진료를 보러 갈 때 남편이 준비한 글을 보면 당시의 내 몸 상태를 알 수 있다.

메모에는 그동안의 악화된 사항, 일상생활에서의 장애, 그리고 현재 복용약 등을 요약해 놓았다.

무엇보다 체중이 현저히 감소해서 현재 50킬로그램 아래를 밑돌게 되었고, 식사량을 유지하는데도 계속 줄고 있다는 점을 언급했다. 또 왼쪽 검지는 힘이 없어서 구부러지지 않아 아무것도 할 수 없으며, 열 손가락 모두 일정 수준의 마비가 있다는 것 등을 적었다.

일상생활에서의 장애에 대해서는 식사 때가 제일 힘들고, 음식 씹기가 어려워서 부드러운 음식 위주로 식사를 해야 하는 것, 그리고 양치, 세수 등 씻고 닦는 동작들이 곤란해지고 있다는 것 등을 적었다.

현재 복용약으로는 알프람 0.5밀리그램을 아침과 저녁에 각각 복용하고, 렉사프로 용량이 2배로 늘어났다는 것, 리보트릴을 아침에 한 알 먹고 저녁에는 안 먹는데 알프람 먹고 잠이 안 오면 리보트릴 한 알을 복용해야 한다는 것 등을 알렸다.

진료 중에 전 교수 옆의 레지던트가 나더러 팔을 들어올리라고 했

1부 나에게 왜 이런 일이   91

는데 전혀 올라가지 않았다. 두 팔은 꼼짝 않고 손만 밑에서 까딱거릴 뿐이었다. 5월 20일 처음 갔을 때는 팔도 번쩍 들어올리고, 손을 돌리면서 반짝반짝, 주먹을 쥐었다 폈다 하는 잼잼 등 하라는 것은 다 할 수 있었던 팔이었다.

오른팔이 굳어져서 올라가지 않는 것을 보고 전범석 교수가 말했다.

"패턴이 변했군요."

전에는 심한 근육 떨림이 주된 증상이었다면 이제는 근육 떨림은 완화된 것 같다고 했다. 반면, 오른팔이 뻣뻣하게 굳어져서 위로 올라가지 않는 상태가 되고 팔이 굳으면서 걸음도 이상하게 걷는 형태의 패턴으로 바뀌었다는 것이다.

전 교수가 일산병원에서 물리치료를 하느냐고 물어서 물리치료는 안 하고 약만 준다고 했더니, 그렇다면 힘들게 멀리 다닐 필요가 있겠느냐고 했다. 자기가 협진하는 서울대병원의 교수가 있는데 바꾸고 싶으면 의뢰해 주겠다고 해서 바꾸겠다고 했다. 정신과 함봉진 교수로 의뢰해 주어 약속을 잡고 돌아왔다.

그날 남편과 함께 며느리도 같이 병원에 갔는데 기다리는 동안 며느리가 30분가량 나를 부축하고 걸었다. 남편이 해 주듯 오른팔을 받쳐 주었다. 그런데 다음 날 며느리가 목에서 어깨까지 파스를 붙이고 나타났다. 하이고, 내 오른팔이 무겁긴 무거웠던 모양이라는 생각이 들었다. 많이 미안했다.

딱 붙어버린 오른팔, 기울어진 걸음걸이

중간에 서울대병원의 진단과 처방을 받고 다시 예정대로 9월 17일 박정이 교수 진료를 받으러 갔다. 이때 남편이 나와 의논해서 써서 가져간 내용을 보면 그동안의 나의 상태가 어떻게 변했는지를 알 수 있다.

"2019년 5월 29일 서울대병원 전 교수의 진료 의뢰를 받아 6월 3일 박 교수의 첫 진료를 받던 당시, 환자는 목 근육이 많이 떨렸으나 의자에 앉거나 서서 걷는 등의 일상생활 또는 식사하거나 목욕하거나 전화, 통신하는 데 큰 불편은 없었습니다. 그때와 비교하여 현재의 상태는 매우 열악합니다. 무엇보다 환자의 두 손과 팔이 허리에 거의 붙어 있어 거동이 불편합니다. 손을 사용하는 식사, 양치질 등, 특히 손에 힘이 들어가는 행동을 할 수 없어 많은 것을 가족에 의존하고 있습니다.

되돌아보면 지난 8월 1일 박 교수께 긴급 연락을 드렸던 당시에는 일상생활이 아주 어려운 상태였습니다. 환자는 에어컨 상태에서도 더워하며 땀을 많이 흘렸고, 항상 누워 있었고, 밤에는 잠을 제대로 자기 힘들었습니다. 그러나 현재는 여러 노하우를 습득하고 가족의 도움을 얻어 일상생활을 유지하고 있습니다.

다른 한편, 팔, 특히 오른팔의 떨림이 매우 강합니다. 단순히 떨리는 것이 아니라 근육의 수축운동, 밀어내고 끌어당기는 비자발적 운

1부 나에게 왜 이런 일이   93

동의 강도가 때로는 매우 강합니다. 환자는 자신의 팔에 작용하는 그 힘의 강도를 전혀 의식하지 못합니다. 대신 팔이 허리에 붙어 있기 때문에 생기는 거동의 불편함, 뻣뻣한 목, 짓누르는 어깨로 인한 어려움을 호소하고 있습니다. 특히 오른쪽 손이 무엇인가를 잡고 있어야만 하고 그냥 있는 것을 매우 힘들어합니다. 이제 서서 걷는 것은 가족의 도움을 얻어 할 수 있게 되었으나, 아직 의자에 앉는 것은 매우 힘들어합니다.

9월 11일, 전 교수에게 예약된 진료를 받았습니다. 박 교수께서 언급하셨던 헌팅턴 유전자 검사나 자가면역성 등 검사는 모두 음성으로 판명되었다고 하셨습니다. 환자의 걸음걸이 신체 동작을 지켜본 후 '패턴이 변했다.'고 했습니다. 박 교수님의 진료를 물으셨기에 처방하신 약을 복용하고 있다고 말씀드렸는데 물리치료는 받지 않느냐고 물으셨습니다."

나의 몸 상태는 한편으로는 호전되었다고 볼 수 있지만, 다른 편으로는 상황이 변했다고도 볼 수 있다. 목과 등의 떨림은 호전되고 있는 반면, 오른팔에 경직이 와서 팔이 허리에 붙어 있어 걸을 때 팔을 자연스럽게 앞뒤로 움직일 수 없었다.

팔을 조금이라도 들어올려 보려고 했지만, 커다란 쇳덩이 역기를 드는 것처럼 무겁게 느껴지고 꿈쩍도 하지 않았다. 걸음걸이도 팔이 자연스럽게 다리 움직임과 좌우가 엇갈리면서 걸어야 하는데 오른쪽 팔이 굳어 있으니 체중이 자꾸 왼쪽으로 쏠렸다. 오른쪽 어깨도 삐딱하게 올라가고 넘어질 듯 중심이 한쪽으로 쏠려 뒤뚱거리고 절뚝이는 것처럼 되어 부자연스럽고 우스꽝스러운 걸음걸이가 되었다. 그래서 누군가가 오른팔을 잡아 주지 않으면 걷기가 어려울 정도였다.

또한, 오른팔이 굳어 버린 데다 비틀려 있어서 어깨에서부터 다리쪽으로 자연스럽게 내려와야 할 오른손 손바닥이 반대로 뒤집혀서 바깥쪽을 향하고 있었다.

이런 어색하고 괴상한 상태는 그동안 내가 텔레비전에서 스티븐 호킹 박사 같은 장애인들의 모습을 어딘가 낯설고 어색하게 보던 느낌을 떠오르게 했다. 이제는 나도 그렇게 보이겠구나 하는 생각이 들었다.

거울 속의 내가 도무지 실감 나지 않았다. 내가 아니고 싶었다. 덜컥 겁이 났다. 주르륵, 눈앞이 흐려졌다.

이젠 또 뭘 어떻게 해야 하나.

2부

괜찮아, 내가 있잖아

뻐꾸기 수를 줄이게 하는 지혜

3장

후회로는 지워지지 않는 미안함

"엄마는 내색을 안 할 뿐, 마음 안에는 스스로 느끼는
불안과 걱정이 있다. 이것이 쌓이면 절대 안 된다.
이 점을 우리가 다 같이 명심하고 이를 중심으로 엄마를 대하자."

50년이 되도록 몰랐구나

2019년 5월 말, 서울대병원 전범석 교수가 말했다.

"스트레스 때문입니다. 평생을 학자로 사시면서 많은 스트레스를
받고 이겨 내면서 살았을 텐데, 왜 오늘날에 이런 기능적 장애가 생
기는지 알 수 없습니다. 하지만 이제부터는 숨쉬는 것에서 걷기까지
다시 배워야 합니다."

사실 전 교수를 만날 때까지도 나는 내 아내 영희가 지금까지 그랬
던 것처럼 변함없는 지성과 건강함으로 언제나 내 곁에서 함께하리
라 생각하며 살았다. 진단이 확정된 날도 조금 불편함은 있었지만 앉
고 서는 일, 식사하고 씻고 하는 데는 별 지장이 없었다.

그러나 전 교수의 말은 앞으로 상황이 점점 더 악화될 것을 예고하

는 것처럼 들렸다. 마음이 착잡해졌다.

우리는 2014년 이래 2018년까지 매년 프랑스 남부 엑상프로방스에서 여름을 보냈다. 유럽연합 프로젝트에 참여하는 행운을 얻었기 때문이다. 2019년에도 당연히 머물 생각으로 2018년 귀국할 때, 생활용품들은 프랑스 동료 집에 맡기고 우리가 살았던 아파트에 500유로의 예약금까지 지불해 둔 상황이었다. 사실 전 교수의 말을 들으면서 이것들이 물거품이 될 수도 있겠다는 생각에 무척 아쉽게 느껴졌다.

그러나 영희의 건강이 급속도로 나빠지면서 건강 회복이 최우선 순위의 문제가 되자 나의 생각은 180도 달라졌다. 영희의 건강이 나 때문에 나빠지게 된 측면들이 하나하나 떠오르기 시작했다. 뒤돌아보면 볼수록 참으로 미안한 마음이 때로는 뼈저리게 아픈 후회로, 때로는 걷잡을 수 없는 폭풍처럼 나를 엄습하고 사로잡았다.

맨 먼저 떠오른 것은 2018년 9월의 일이었다. 우리는 액상프로방스에서 리옹으로 가서 세미나를 하고, 독일 뮌헨에 도착하여 지인들을 만난 후 기차S반로 슈타른베르크에 가서 하버마스 교수를 만나고, 곧장 리옹으로 돌아와 테제베를 타고 밤 12시가 되어 액상프로방스 역으로 돌아왔다. 일정이 매우 빡빡하고 피곤한 날이었다. 나도 그렇지만 영희는 더욱 그랬다.

영희는 피곤하다면서 택시를 타자고 했다. 50유로면 갈 수 있는 거리였다. 더구나 우리는 두 개의 큰 여행 가방을 갖고 있었다. 많은 승객이 역 주차장에 있는 자신의 차를 타고 떠났고 택시로 가는 승객도 있었다. 버스를 타려고 남은 사람은 몇 안 됐다. 우리가 탈 버스는 마르세유 공항에서 출발하는 것으로 밤늦게는 매우 띄엄띄엄 왔다. 우리는 승객들이 버스와 기차를 타기 위해 오르내리는 계단에 앉아 버스를 기다렸다. 그러나 꽤 오랫동안 버스는 오지 않았다. 영희는 정말 피곤해서 죽겠다면서 택시를 타자고 했다.

"나 정말, 피곤하거든. 죽겠어! 택시로 가자!"

영희는 웅크리고 앉아 젖은 옷처럼 늘어져 가방에 기댄 채 여러 번 호소했다.

아내를 존중하는 남편이라면 응당 택시를 탔어야 했다. 그런데 나는 영희의 거듭되는 요구를 묵살했다. 돈이 없는 것도 아니었다. 그런데 왠지 택시를 타는 것은 낭비라는 나의 편견에 꽉 얽매여 있었다. 한참 후에 버스를 타고 엑상프로방스 시내에 도착했고 무거운 가방을 끌면서 집에 들어갔다.

그때는 미처 몰랐다. 그러나 후에 영희의 건강이 악화되고, 스트레스 때문이라는 것을 알게 되면서 이 기억은 정말 후회스럽고 매정한 나의 일방적이그 독단적인 모습을 생생히 보여 주는 것으로 변했다. 이 기억이 되살아나자 나의 마음을 사정없이 후려치며 질타했다.

2부 괜찮아, 내가 있잖아   101

"이 바보야, 왜 너는 모든 것을 너 중심으로 하냐!"

"아내의 극심한 피곤에 왜 너는 그토록 무심하냐!"

"그렇게 해서 무엇을 얻었고, 또 무엇이 그리 잘났냐?"

뒤돌아보면, 이와 같은 나의 단견, 영희의 피곤에 대한 무관심은 2019년 5월까지 반복되었다. 나는 중민재단 활동의 일환으로 외국 석학을 자주 초청했다. 영국 케임브리지대학의 존 던과 옥스퍼드대학의 스코트 래시, 베이징대학의 장칭 교수 등이 그랬다.

영희는 이들 각각에 대한 모든 행사에 빠짐없이 참석했다. 그런데 일정이 매우 빡빡했다. 광주, 전주 등의 지방 행사가 있었고 서울의 세미나도 여러 번 열렸으며 뒤풀이 또한 길게 이어졌다. 영희는 이미 이상운동증후군의 초기 증세를 보이던 때였고 따라서 몹시 피곤한 상태였다. 빨리 집에 가자는 표시를 여러 번 했지만 나는 계속 무심한 남편으로 행동했다. 미안하고 후회막심한 일이었다.

또 하나, 이것은 내가 일찌감치 알고 있던 일이었는데, 영희가 잠을 잘 자지 못한다는 것이었다. 그러나 나는 그것을 나의 문제로 생각하지 못했다. 잠자는 것은 누가 어떻게 도와줄 수 없는 각자의 문제라고 여겼다.

중민출판사가 북한 통치가문 3세대에 관한 프랑스어 책《붉은 왕조》를 번역해서 출판할 때, 영희는 잠이 안 올 때는 밤늦게까지, 때로는 자다가 일어나서 아침까지 교정을 보고, 번역을 수정하는 일을 했다. 나는 무척 걱정되어 그렇게까지 할 필요가 있느냐고 말렸지만, 어떻게 할 방법이 없었다. 영희가 편안하게 잠잘 수 있도록 내가 도와줄 수 있다는 적극적인 생각은 전혀 못했다.

이후 점점 더 영희의 건강이 최악으로 치닫고 있을 때 '영희를 먼저 재우고 내가 잔다.'라는 원칙을 정한 이후, 영희가 나의 도움으로 잠의 세계로 쉽게 진입하는 것을 알게 되었다. 그때 깨달았다. 영희의 불면증을 나의 문제로 이해했다면, 분명 이미 오래전에 내가 할 수 있는 일이 있었을 것이다. 나는 이 문제에 무관심했다.

"잠자는 것은 각 개인의 문제야. 내가 할 일은 없어."

그러나 영희가 아프면서 비로소 나는 나의 무관심, 단견, 자기중심적 사고가 문제라는 것을 알게 되었다. 그리고 부부 공동체의 깊은 뜻에 대해 절실히 느낄 수 있게 되었다.

결혼한 지 50년이나 지나서….

엄마 건강에 대해 가족이 할 일

영희의 이상운동증후군이 점차 악화되자, 내가 먼저 해야 할 일은 가족들의 인내와 협력, 그리고 병의 원인과 처방을 놓고 우왕좌왕하는 것을 막는 일이었다. 가족들이 목도하는 것은 영희의 목 근육이 사정없이 움직이는 일종의 근육경련 같은 것인데, 처방으로 나온 약은 우울증에 쓰이는 약이어서 도대체 병의 원인과 진단이 어떤 것인지에 대해 쉽게 납득하기 힘든 것이 사실이었다.

당연히 여러 의견이 분출했다. 그래서 몇 개월간의 치료 과정을 정리하여 7월 22일, 아들 내외와 딸에게 이메일로 보냈다.

"엄마의 턱 떨림 등 건강에 대하여 서울대병원 강남센터 P 교수의 진료를 받은 것이 2019년 2월이었다. MRA 자료로 아무런 문제가 없다고 했으나, 증상이 심해져 5월 20일 서울대병원 전범석 교수의 첫 진료를 받았고, 5월 26~30일에 서울대병원에 입원하여 여러 검사를 받았다.

전범석 교수는 구조적 이상은 발견하지 못했다고 밝혔다. 하지만 증세는 진행 중이었기 때문에 동국대 일산병원 박정이 교수에게 진료를 의뢰했다. 박 교수의 처방으로 알프람 약을 복용하기 시작한 것은 6월 4일. 오늘이 7월 22일이니 약 50일이 경과했다.

그사이, 과거의 건강 상태와 비교하면 나빠진 것이 사실이다. 박교수의 6월 3일 첫 진료 때만 해도, 엄마는 불편한 상태였지만 앉고 서고 걷는 행동은 큰 이상이 없었다. 현재는 앉는 것이 힘들고, 서는 것은 앉는 것보다 편하지만 걷는 것을 힘들어하신다. 손이 뜻대로 움직이지 않고 목 뒤가 너무 뻣뻣하게 장애를 주기 때문이다. 이런 상황에서 앞으로의 선택에 관해 여러 의견을 모으고 널리 듣는 것은 항상 좋은 일이다. 동시에 우리가 어떤 자세로 엄마를 도울 것인가에 관해 서로 지혜를 모으고자 한다.

…그러나 단시간 안에 깔끔한 인과 요인의 분석이나 치유를 끝내는 것은 쉽지 않을 것처럼 보인다. 기존의 병명으로 규정하기 힘든, 그러나 유사한 증후를 동반하는 모호한 질병의 지형, 즉 비자발적 근육 운동으로 규정하는 질병이다. 박 교수는 6월 18일 2차 진료 때, 렉사프로 약을 처방하면서 6주 후에나 효과가 나올 것으로 보았다. 치료는 1년 정드 걸린다고 하셨다.

목 근육 떨림 현상만을 보면, 최근 누워 있을 때 상황은 좋아지는 측면도 있다. 목이 뻣뻣해 서서 걷기 힘든 새로운 상황이 발생했지만…. 따라서 근본적인 의학적 치유는 담당 의사에 대한 신뢰로 처방을 따르고, 우리들은 지혜와 힘을 모아 엄마의 일상생활이 어느 정도 정상화되는 길을 적극 찾았으면 한다. 이에 관해 아빠는 다음과 같은 생각을 한다.

…엄마 앞에서 미래를 걱정하거나 불안해하는 말, 행동, 소회를 보이지 말자. 좋은 기억을 회상하고 치유된 후에 그런 경험을 더욱 갖자는 긍정적, 희망적 메시지를 주기 위해 정말 노력하자. 엄마가 환자라는 사실, 그리고 현재의 질병을 '심리적'인 것으로 진단하는 전문가전 교수, 박 교수, 바태 원장 등의 말 안에는 엄마의 심리와 마음이 질병의 원인만이 아니라 극복의 키워드라는 뜻이 있다. 엄마는 내색을

안 할 뿐, 마음 안에는 스스로 느끼는 불안과 걱정이 있다. 이것이 쌓이면 절대 안 된다. 이 점을 우리가 다 같이 명심하고 이를 중심으로 엄마를 대하자.

…현재의 큰 문제는 목 근육의 비자발적 운동과 함께, 어쩌면 그보다 더 중요한 것은, 목 뒤가 너무 뻣뻣하여 앉기도 힘들고 서서 걷기도 힘든 것이다. 누워 있으면 다소 편안하게 느낄 수도 있지만, 그런 상태가 계속되면 필히 다른 부작용을 불러올 위험이 적지 않다. 따라서 엄마와 함께, 자연스럽게, 그러나 상당한 의지를 갖고 신체를 움직이는 노력을 해야 한다.

그런 점에서 '바태'의 신체 실습, 강남 성모병원에 기대할 수 있는 재활프로그램 등은 중요하다. 더욱 중요한 것은 여기서 터득한 것을 집에서 몸이 허용하는 한 끊임없이 몸에 익히는 것이다. 엄마에게만 맡겨서 될 일은 아니다. 그래서 우리 모두의 지혜와 협력이 요구된다."

고통을 지켜보는 안타까움

"조금도 걱정하지 마. 시간이 지나면, 언제 그랬느냐고 느낄 거야.
아들, 며느리와 딸이 있고 내가 옆에 있잖아.
편안한 마음을 갖도록 노력해."

하루하루의 삶

최대 과제는 매일의 삶에서 영희와 함께 걷는 일이었다.

7월 21일, 우리는 밖에 나갔다. 얼마 전에 우리 둘이 손주들과 함께 반포운동장에 갔을 때, 영희는 애들 뒤를 챙기면서 걷고, 제멋대로 뛰노는 애들 이름을 가벼운 걱정을 실어 불러 대며 즐거워했었다. 그러나 이제는 밖에 나가는 것이 힘들다. 조금 걷다 스트레칭을 했지만, 목이 뻣뻣해진다며 힘들어했다.

영희는 들어오자마자 드러누웠다. 내의를 갈아입히다 보니 그토록 시원한 바람이 많이 부는 환경에서 아주 잠시 몸동작을 했을 뿐인데 땀에 흥건히 젖어 있었다.

"내가 너무 걷지를 못하니까, 짜증 나지?"

"무슨 소리를. 할 수 있는 만큼 해보는 거야."

사실 영희는 걷는 것에 아주 탁월했다. 얼마 전까지만 해도 걷는 것은 좋으니, 그것을 잘 살리자고 했다. 그런데 현재는 어렵다. 목 뒤가 너무 뻣뻣해서 몸을 움직이는 것이 힘들다는 것이다. 양쪽 손을 앞뒤로 흔드는 것도 점점 어렵다고 한다.

"내 몸이 너무 부자연스럽지? 내가 과연 완치될 수 있을까?"

"의사 선생이 한 1년 정도 걸린다고 했잖아."

"그런데 계속 나빠지고 있으니….''

안타까운 심정이 묻어 있는 말이다. 나는 시간과의 싸움이라고 했다.

"과거와 비교하면 나빠지고 있는 것은 사실이야. 그런데 병세도 진행과정이 있잖아. 약을 먹는다고 금방 좋아지는 것은 아니겠지. 그리고 하루하루를 보면 좋은 날, 나쁜 날이 있지만, 목 근육 운동 같은 것은 약간 좋아진 것 같아."

"그런데 이제는 목 떠는 것보다 목 뒤가 뻣뻣해지는 것이 더 문제야."

"그 현상이 목 근육 이상운동 증상의 일환인지, 아니면 다른 이유도 작용하는지 잘 살펴봐야겠어. 안마사도 그 뻣뻣해진 목을 풀려고 세심하게 노력하더구만. 목 근육 이상운동이 있다고 해서 앉는 것이 불편한 것도 좀 더 살펴볼 일이야."

저녁때가 되자, 며느리가 와서 저녁 요리를 했다. 부드러운 소고기구이, 상추쌈 등도 준비했다. 깔끔한 설렁탕 국밥 같은 것도 나왔다. 나와 아들 내외가 먼저 식사를 하고 나서 내가 영희의 식사를 도왔다. 보통 식사할 때 땀을 많이 흘리는데, 저녁때는 거의 땀을 흘리지 않았다. 후식으로 포도와 수박을 맛있게 먹었다. 저녁 후, 영희는 누워 있었다. 휴식이 필요했다.

영희는 다리를 바닥에 두고 몸을 침대에 기대거나 앞으로 누워 보기도 하면서 앉는 자세를 시험했지만, 편한 자세를 잡기 어려워했다. 어느덧 잘 시간이 되었다. 약 알프람 한 알을 복용하고 누웠다.

"조금도 걱정하지 마. 시간이 지나면, 언제 그랬느냐고 느낄 거야. 아들, 며느리와 딸이 있고 내가 옆에 있잖아. 편안한 마음을 갖도록 노력해."

갑자기 영희가 뜻밖의 말을 했다.

"내가 죄를 많이 지었나 봐."

"그런데 기독교, 특히 천주교에서는 고통의 의미를 적극적으로 해석해. 고통을 통해 자신의 죄를 씻고 나아가 세상의 잘못을 기워 갚는 절차라고 생각하거든. 그래서 고통을 통해 마음이 순화되고 구원을 향해 가는 것을 느끼게 된다고. 독실한 신자들은 예수의 고통을 생각하지,"

"내가 탈바꿈되기 위해 이런 고통을 겪나 봐."

빛나는 섬광이 영희의 말에 감돌았다.

"맞아, 바로 그거야. 우리는 이 경험을 통해 가족이 정말 하나가 되고, 당신은 더 건강한 사람이 되어 탈바꿈을 실천할 거야. 그러니 마음을 편안하게 해."

영희는 대부분 지금까지는 알프람 약을 먹고도 1시간 정도는 몸을 뒤척거린 다음 잠을 잔다. 오늘도 그랬다.

"그 시간 동안 무슨 생각을 해? 라디오 음악이나 틀어 줄까?"

조용한 음악이 잔잔히 나왔다. 나는 영희에게 뽀뽀하면서 속삭였다.

"편안하게 잘 자."

"고마워, 쌩큐!" 7. 21.

마음의 문제를 푸는 방법

오랜만에 조금 늦게까지 잠을 잔 것 같다. 깨어보니 8시 반이다. 영희는 아침 한약을 들었고, 샤워도 한 상태였다. 나보고 더 자라고 했다.

"아침은 아직 안 했지?"

나는 일어나 간단히 얼굴을 씻고 아침을 차렸다. 이미 준비된 전복죽과 김치가 중심인 식사로 전복죽을 식기에 많이 담아 주었는데, 다 먹었다. 조금 뒤 양약을 먹고 영희는 안마를 받으러 마포로 출발했다.

영희의 점심을 도와주고 나는 터미널 서점에 가서 몸 스트레칭에 관한 책을 한 권 샀다. 그리고 남부터미널 근처의 '바태 스튜디오'에 가서 원장과 30분 정도 면담했다. 내일 영희의 첫 방문을 준비하기 위해 여러 흥미토운 대화를 나누었다.

저녁 이후, 이미 시간이 늦어 영희와 함께 밖에 나가기는 힘들 것 같았다. 애들에게 보낸 편지를 읽어 주었다.

"꽤 긴 편지네."

나는 전범석 교수, 박정이 교수, 바태 원장 등 전문가들이 왜 영희의 질환을 '심리적'인 것 또는 마음의 문제로 보는지를 나름대로 설명했다.

"당신은 말이야, 현재 아프니까 많은 일에 신경을 꺼야 하는데, 계속 주시하고 있거든…."

"나는 이메일, 다운 받는 것, 아무것도 못 하고 있는데?"

"그것은 물리적으로 어려우니까 못하는 거고, 당신의 마음이 그렇다는 거지."

영희는 계속 나에게 이것 해야지, 저것 해야지 잔소리를 했다.

"나, 잠깐 나갔다가 올게. 약은 언제 먹지?"

"나 혼자 먹을게. 물도 충분히 있고…."

나는 10시경에 나가서 잠깐 운동장을 돌고 11시 10분경에 돌아왔다. 영희는 텔레비전을 보고 있다가 나를 반겼다. 땀에 젖은 내의를 갈아입고 얼굴을 씻고 나서 몇 마디 할 참이었다. 그러나 영희는 이미 자고 있었다. 사실은 나를 기다리다가 내가 돌아온 것을 보고, 곧 잠이 든 것이다. 7. 22.

한밤중의 '주기도문' 노래

"영희는 잠이 완전히 사라졌다며 낭패감을 보였다.
이미 새벽 두 시가 된 때였다. 난감했다.
내가 도울 어떤 방법도 생각할 수가 없었다."

그저 내가 할 수 있는 것은

영희의 아침 상태는 양호한 편이었다. 점심 후에 나는 오랜만에 지하 헬스장으로 가서 운동하고 목욕까지 하고 왔다. 영희는 방바닥의 매트 위에서 가벼운 이불을 덮고 자고 있었다. 에어컨은 작동 중이었다. 내가 들어오니까 큰 이불을 달라고 해서 덮어 주었다. 그리고 한참을 잤다.

나는 영희가 잠을 자서 상태가 좋을 것으로 생각했다. 일어나서 저녁을 했는데, 오랜만의 별식으로 중국 쓰촨식 요리가 준비되었다. 잘못 먹으면, 몹시 매운 것이었다. 아니나 다를까, 저녁 후 방에 와서 영희는 상당히 헐떡거렸다. 몸이 격하게 움직이고 상태가 안 좋았다. 물을 마시니 다소 진정되는 것 같았다.

112 근육이 마구 떨리는데 마음의 병이라니!

김 기사가 안마사를 모시고 왔다. 금요일 첫 안마를 받았으니, 일요일쯤 그 결과를 점검하는 것이 좋겠다고 하여 일요일이지만 시간을 내서 데려온 것이다. 안마는 금요일과는 달랐다. 영희는 특히 뻣뻣한 목을 풀고 싶다는 요청을 했고, 이에 따라 오늘은 목과 어깨, 등을 중심으로 안마를 했다. 아프면 말해 달라고 여러 번 요청했지만, 영희는 반응이 없었다. "안 아프세요?"라고 물으면 괜찮다고 했다.

"이 정도의 강도로 안마를 하면 사람들은 아프다고 야단인데, 아무런 반응이 없으니, 이상하네요."

안마사는 목과 어깨의 긴장을 푸는데, 자기가 한쪽을 풀고 다른 쪽으로 가 보면 풀렸던 부위에 다시 긴장이 꽉 차 있는 것을 느낀다고 했다. 내가 보기에도 그런 것 같았다. 뭉친 근육을 풀려고 세게 안마를 하면, 동시에 이에 맞서는 비자발적 근육의 반응이 강하게 일어나는 것을 바로 옆에서 볼 수 있었기 때문이다.

1시간 30분 안마가 끝났을 때, 영희는 지난번 안마 때는 풀리는 것을 느꼈는데, 이번에는 그렇지 않다고 했다. 안마사는 이런 경우는 매우 드문 일이라 앞으로 과연 환자에게 도움이 될 수 있을지 모르겠다며 돌아갔다. 나는 긴 안목으로 일주일에 세 번 정도 계속 하자는 입장이었다.

그런데 안마가 끝나고 잠을 자는 데 어려움이 많았다. 목 근육이 세게 움직였다. 약을 먹으면 잘 수 있다는 생각으로 위로해 주며 한 알을 먹게 했다. 여전히 잠을 잘 수가 없었다.

영희는 잠이 완전히 사라졌다며 낭패감을 보였다. 이미 새벽 두 시가 된 때였다. 난감했다. 내가 도울 어떤 방법도 생각할 수가 없었다. 그래서 약을 한 알 더 먹자고 했다. 영희는 고통이 심하니까 곧장 수용했다. 그러면서 뜻밖에 같이 노래를 부르자고 했다. 전혀 예상하지 못했던 제안이었다.

우리는 침대에서 나와 같이 손을 잡고 서서 '주기도문'을 노래하기 시작했다. 여러 번 불렀다. 영희에게는 목이 마르니 물을 마시라고 했고, 부르지 말고 듣기만 하라고 하면서 아무튼 여러 번 손을 잡고 서서 노래를 불렀다. 그리고 침대로 돌아왔다.

영희는 노래를 부르니까 눈물이 난다고 하며 한동안 펑펑 울었다. 나는 머리와 등을 쓰다듬으며 위로했다.

"내가 있고 아들, 며느리에 딸이 옆에 있는데, 무슨 걱정이야."

누워 있는 영희를 향하여 나 혼자 '주기도문'을 노래했다. 한참을 그렇게 불러 주었다.

"이제 됐어. 잠이 올 것 같아."

"그래, 그럼 내가 밖에 나가 있을게."

나는 방을 나왔다. 서재에서 한 외국인 유학생을 위해 필요한 추천서를 쓰기 시작했다. 좀 뒤에 방에 가 보니, 영희는 자고 있었다.

에어컨과 선풍기를 끄고 나와 추천서를 다 쓰고는 이메일로 발송하고 와서 나도 잤다. 7. 28.

버려야 할 것과 버텨내는 힘의 차이

간밤의 우여곡절 탓인지 영희의 상태는 예전의 아침에 비해 좋지 않은 편이었다. 수면 시간도 짧았다. 게다가 11시 30분에 전범석 교수 진료 일정이 앞당겨 잡혔기에 10시 30분에는 집을 나서야 했다.

서울대병원에 가니, 11시 30분 시간대가 몹시 붐비는 때였다. 앉을 자리도 없었다. 우리는 11시 15분에 도착했지만 전 교수 진료의 가장 끝 환자였다. 앞선 환자들의 진료가 지연되더니 결국 1시가 넘어서야 진료실에 들어갈 수 있었다.

전 교수는 최근 눈 수술을 해서 초점이 안 맞고, 왼손에도 깁스를 하고 있어서 자신이 환자였다. 여러 가지를 안내해 주며 진단했다.

헌팅턴 유전자 추가 검사와 함께 자가면역 결핍 등의 경우를 상정하여 척추에서 주사기로 척수를 뽑아내 검사하는 절차를 주선해 주었다. 그는 더 잘 해 드려야 하는데, 자기 몸이 이런 상태이니 널리 이해해 달라는 말도 덧붙였다. 나는 얼마 전에 보낸 이메일 편지에 대해 바쁘고 몸도 불편한데 신속히 친절한 답신을 주셔서 정말 감사하다는 심정도 전했다. 추가 검사 일정은 8월 5일로 잡았고, 혈액 채

취는 당장 하는 것이 좋겠다고 하여 실시했다.

이런저런 일정을 모두 마치고 집으로 떠난 것은 오후 2시 30분이 넘었다. 무려 3시간 이상을 병원에서 지냈는데, 놀라운 점은 영희가 그 긴 시간 동안 눕지 않은 채 일정을 소화한 것이었다. 이것은 엄청난 발견이었다. 집에서는 불가능한 일이었다.

나는 오늘의 체험이 불행 중 다행이면서 어둠 속에 빛을 보는 것 같다고 생각했다. 어젯밤, 우리가 드렸던 간절한 기도에 대한 응답이 있는 것처럼 느껴졌다. 우리에게 지혜를 준 것이었다.

영희가 3시간 넘게 불편하지만 눕지 않고 버틸 수 있다는 것을 우리는 알게 된 것이다. 결국은 우리가 하나씩 지혜롭게 길을 찾아가는 데서 문제가 해결된다고 생각했다.

그 연장선상에서 밤에 따뜻한 물을 받아 영희가 목욕하면 긴장이 많이 풀리지 않을까 하고 생각했다. 문제는 영희의 근육 긴장을 풀어 주는 것이니 좋은 방법이 될 것 같았다.

영희는 몇 시간을 푹 자고, 저녁 식사 시간에 일어났다. 천천히 식당으로 들어오는 엄마를 보면서, 딸이 "오늘 엄마는 꼭 할머니처럼 보이네." 하고 웃으며 말했다. 항상 활기차고 젊은 모습인데, 오늘은 할머니처럼 힘이 빠졌다는 뜻이다. 내가 거들어 말했다.

"그래, 엄마는 지금 무엇보다 힘이 빠져야 해. 그것이 치유의 첫째 과제야!"

점심을 하고 바로 푹 자고 막 일어났지만, 영희는 저녁 또한 맛있게 잘 들었다. 훌륭한 식욕이고, 소화도 잘된다.

영희의 몸, 목 부위도 평온한 상태였다. 충분한 수면의 효과라고 본다. 잠시 텔레비전을 보다가, 나는 9시 넘어 목욕물을 받았다. 먼저 영희가 목욕하면서 긴장이 풀린다는 말을 했다. 그리고 뜨거운 물을 더 받아 나도 긴 시간 목욕을 했다. 오랜만이었다. 우리 둘은 침대에 나란히 누워 텔레비전을 보면서 하루 일정에서 배운 것, 전 교수의 메시지 등을 정리했다. 약을 한 알 복용하고 1시간쯤 지났을 때, 내가 말했다.

"이제 서서히 잘 준비를 해야 하지 않을까?"

"그럼 텔레비전을 끄자. 그리고 라디오 음악을 듣자."

영희는 잘 준비를 하는 것 같았다.

"어제저녁에 '주기도문' 노래를 했는데, 오늘도 내가 불러 줄까?"

"아냐, 됐어. 목 아프잖아."

"목이 아플지도 몰라 보이차를 타서 큰 컵에 가져왔는걸."

"당신, 참 마음이 좋아."

나는 곧 '주기도문'을 낮은 톤으로 노래했다. 몇 번 반복하니까 이제 됐다고 했다. 나는 차를 마시면서 여러 번 나지막하게 노래를 불렀다.

이윽고 조용해졌다. 영희의 몸이 움직이지 않으면 잠자는 것이었다. 그래도 나는 여러 번 더 불렀다.

에어컨을 끄고 선풍기도 끄고 밖으로 나왔다. 아무래도 며칠간의 과정을 정리해야 할 것 같아 이 글을 쓰고 있다. 아무튼 하느님께서는 우리에게 지혜를 주셨다. 먼 곳을 살피지 말고, 바로 주변에서 할 수 있는 것을 먼저 찾으라는 뜻이었다. 참으로 감사하고 감사할 일이다. 7. 29.

하나씩 생활에서 실마리를 찾아가다

"내뱉기 호흡이 쉬운 일은 아니었다. 내려놓는다,
마음을 비운다는 말의 뜻을 몸으로 실천하는 호흡 방법이다."

나를 너무 미워하지 마

저녁 전에 영희와 함께 커뮤니티센터에 가서 시원한 복도를 따라 천천히 걸었다. 전날은 3시간 넘게 눕지 못하고 앉거나 서서 있었는데, 집에 와서도 그런대로 잘 적응한 셈이다.

그래서 1시간 정도는 천천히 걷고, 가끔 의자에 앉아서 이야기할 수 있지 않을까 기대했다. 하지만 30분 정도 지나자 집에 가자고 해서 돌아왔다.

내 생각에 영희는 선택이 없는 필수 상황에서는 모든 것을 잘 수용했다. 그러다 조금이라도 다른 선택지가 있으면 빨리 포기하는 경향을 보였다.

저녁을 먹고, 어제의 좋은 경험이 있어 영희는 목욕을 제안했다. 나름대로 어제와 비슷한 정도의 따뜻한 물을 받았다. 그런데 영희가 탕에 발을 넣자마자 "으앗!" 소리를 내며 기겁을 하면서 뜨겁다고 했다.

순간 나도 몹시 당황했다. 급히 찬물을 틀었지만, 영희는 공포에 질린 것처럼 와들와들 떨었다. 나는 곧장 밖으로 데리고 나와 진정시키느라 애썼다.

머릿속이 하얗다 못해 정신까지 몽롱했다. 영희에게 너무도 미안했다. 영희의 몸 사정을 잘 보고 행동해야 하는데, 내 중심으로, 어제의 생각만으로 하다 보니 뜻밖의 일이 생긴 것이다.

영희는 12시 30분이 되어도 잠을 자지 못했다. 내가 땀을 닦아 주고 손발 스트레칭을 도와주고, 노래도 부르고 했지만, 잠은 오지 않는 것이었다. 아무래도 약을 한 알 더 먹는 것이 좋을 것 같았다. 영희도 그러자고 했다.

"제일 중요한 것은 당신 마음이야. 편안하게 생각하고 잠을 청해봐."

영희의 볼에 굿나이트 뽀뽀를 했다. 그랬더니, 뜻밖의 말을 했다.

"나를 너무 미워하지 마!"

"내가 어떻게 당신을 미워할 수 있어?"

"아까 내가 너무 당신을 놀라게 했잖아."

"잘못은 내가 했지. 당신은 얼마나 놀랐겠어. 몸이 부들부들 떠는 것을 보았는데, 참 당황했어. 내일부터는 다른 방식으로 저녁때 목욕을 할 거야."

영희는 나를 늘라게 한 것을 미안하게 생각하는 것이었다. 말은 모든 것을 영희 중심으로 생각하자고 하면서 실제 행동할 때는 나에게 익숙한 방식으로 한다. 오늘 밤도 마찬가지다. 7. 30.

당신은 결코 외롭지 않아

너무 피곤했나 보다. 9시가 넘어 잠이 깼다. 영희는 이미 한약과 아침을 들었고, 신경안정 관련 약만 남은 상태였다. 딸이 아침을 챙겨 주었다.

일어나 세수하고 매일 먹는 숙성음료를 한 모금 마시고는 이동 중 마실 물을 챙겨 바태 스튜디오로 갔다.

5일 만의 만남이었다. 원장이 반갑게 맞이하며 오늘은 어떠냐고 물었을 때, 영희는 좋지 않다고 대답했다. 내뱉는 호흡을 집에서 연습하지만 쉽지 않다고 말했다. 또 안마사의 안마를 받고 일어난 일들을 언급했다. 그리고 이곳에서 가능한 호흡의 방법을 많이 연습하고 싶다고 말했다. 그래서인지 평소보다 길게 약 1시간 30분 동안 이런저런 연습을 했다. 원장과 트레이너가 달라붙어 친절하게 묻고 또 상태를 진단하며 무엇을 어떻게 할 것인가에 관하여 보여 주었다.

2부 괜찮아, 내가 있잖아 121

내뱉기 호흡이 쉬운 일은 아니었다. 내려놓는다, 마음을 비운다는 말의 뜻을 몸으로 실천하는 호흡 방법이다. 그러나 영희는 마음을 완전히 비우는 경험도 훈련도 거의 없는 상태다. 항상 해야 할 일이 많고, 완벽주의에 가깝고 부단히 신경을 쓴다.

오늘 새롭게 배운 점을 몇 가지 적어 본다.

우선, 영희가 말을 많이 하고 노래를 부르고 하는 것이 좋다. 자신에 대하여 숙고하는 것이 아니라 다른 사람에 관하여, 또는 즐거운 기억 등을 회상하며 이야기를 많이 하는 것이 긴장을 푸는 데 좋다.

가벼운 산보는 좋다. 어깨를 가볍게 들썩들썩 하면서 걷는 것도 좋다. 강한 지압은 목 근육의 강한 역작용을 불러오기도 해서 해로울 수 있다. 중요한 것은 힘을 빼는 것이다.

목욕은 반신욕 정도가 좋다. 목에는 냉찜 패드가 좋을 것 같고, 배에는 따뜻한 패드가 도움이 된다. 목에는 열이 많고 땀이 난다. 배에는 코어근육이 있는데, 여기가 굳어 있으므로 따뜻하게 풀어 주는 것이 좋다. 목의 냉찜이 좋지 않은 반응을 보이면 하지 말아야 한다.

어깨를 돌리고 위아래로 살살 돌리는 동작은 좋다. 긴장을 푸는 동작이 필요하다.

바태에서는 몸이 풀리는 듯했으나, 집에 온 이후로는 크게 개선된 느낌은 없었다. 점심을 하고 아들과 함께 명상했는데, 금방 잠이 들었다. 바닥 위에 두툼한 큰 요를 더 깔고 명상을 하다 잠이 오면, 그대로 잠을 자는 것이 좋을 것 같았다.

저녁에 반신욕이 좋다고 하여 시도했다. 미지근한 물을 욕조에 약간 받은 후, 영희가 들어갔는데, 더 차갑게 하자고 하여 찬물을 더받았다. 그러나 몸의 반응은 좋지 않았다. 반신욕을 하려면, 어느 정도 시간이 지나야 온기가 올라올 텐데 영희는 그냥 1~2분 후에 나왔다. 몸이 받지를 않았다.

따라서 몸의 상태에 따라 반신욕을 할 수 있는지 여부가 결정되는 셈이 되었다. 이것은 어제의 뜻밖의 놀라운 경험과 함께, 지난 월요일 밤의 목욕 경험과 너무도 차이가 났다. 월요일 밤에는 목까지 물에 잠기게 하면서 근육이 풀리는 것 같다고 말했고, 목욕 후 곧 잠을 잤다. 그러나 어제와 오늘은 정반대다.

오늘도 잠을 자는 데 애를 먹었다. 10시경에 약을 한 알 먹은 상태에서 딸이 '해리'라는 강아지와 함께 방에 들어와 한동안 웃고 이야기했다. 11시 30분이 되어 자려고 침대에 누웠지만, 잠을 잘 수가 없었다.

계속 영희의 팔과 다리가 사방으로 왔다 갔다 했다. 안쓰러웠다. 자려고 준비하고 노력하는데, 목 근육이 움직이고 목과 어깨가 뻣뻣해지니까 잠을 잘 수 없는 것처럼 보였다.

나는 낮은 소리로 '주기도문' 노래를 계속했다. 영희는 알프람을 하나 더 먹자고 했다. 약을 더 먹고 누워 있는 영희에게 속삭였다.

"70년 넘게 잘 살았고, 남편이 있고, 훌륭한 아들딸 두었고, 많은 업적 남겼어. 잠시 시련을 겪고 있는 거야. 시간이 지나면, 언제 그랬느냐는 듯이 사라질 거야. 당신은 결코 외롭지 않아."

"이제 금방 잠들 거야."

영희는 누운 채 나를 끌어안고 입맞춤을 했다. 나는 방에서 나왔다. 그리고 오늘의 기록을 쓰다가 잠깐 침실로 가 보니 코를 골며 자고 있었다. 마음이 편안해졌다. 7. 31.

내가 얼마나 힘든지 잘 모르잖아

"그렇지만 당신이 누워 있고, 그것을 사람들이
당연한 것으로 생각하면, 빠져나올 방법이 없어."

그만해, 피곤해!

너무 피곤한 탓인지 9시 반경 일어났더니 영희는 이미 아침을 끝
낸 상태였다. 딸이 거들었던 모양이다. 영희는 밤에 잠을 쉽게 잘 수
없는 탓인지, 얼굴에서 오는 삶의 의욕, 힘, 생기 이런 것들이 약해
보인다. 그래서는 안 되는데….

얼마 전까지만 해도 얼굴은 포동포동했다. 하기야 요즘은 얼굴 세
수도 약식으로 하고, 외출도 안 하고 그러니 힘이 있을 리 없었다. 영
희가 집념을 버리고, 마음을 비우고 힘을 빼는 삶의 방법을 체득하
기를 간절히 바라면서도, 생기를 잃는 것은 아픔이다.

오늘은 조교들 모임이 있어 나가야 했다. 출근하기 전에 영희에

게 말했다.

"다음 주부터는 화요일에 같이 출근하자. 잠깐이라도 연구소에 들러 직원들도 보고, 보고도 받고 잠시 대화도 나누고, 그리고 돌아오자. 세미나실에 침대가 있으니, 그곳에 누워서 대화를 나눌 수도 있고…."

나는 영희가 일에 직접 뛰어들거나 해서는 안 되지만, 완전히 손놓고 집에서 홀로 몸의 이상운동과 온종일 씨름하는 것은 좋지 않다고 생각했다.

출근하자 곧장 동국대 일산병원 박정이 교수에게 편지를 썼다. 현재 상황을 알리고 전범석 교수 진료도 보고하면서 특히 저녁때 잠들기 어려움을 알렸다.

뜻밖에 금방 박 교수의 전화가 왔다. 편지를 받고 그동안의 과정을 다시 살펴보았다고 했다. 우선 잠자는 문제에 관해서는 알프람을 하루에 세 번, 두 알을 복용할 수 있다고 하며 추가 처방을 하겠다고 했다. 내일 8월 2일은 오전 근무만 있고, 환자가 오기 힘들면 가족이 와도 된다고 했다. 나는 내일 오전 10시에 바태 호흡 지도가 있어 오후에나 갈 수 있을 것 같다고 했다. 그렇다면 처방을 내려놓을 테니, 오후에 찾아가라고 했다. 고마웠다.

4시쯤 퇴근했다. 영희는 방에 누워 있었다. "오늘 바빴겠네…." 하며 반겼다. 나는 이미 오전에 이야기한 것이지만, 연구실에서 일주일에 한 번이라도 영희가 나오기를 고대하고 있다는 말을 전했다. 동영상을 만들려고 하는데, 그런 주제에 대해서는 편한 마음으로 이야기할 수 있지 않을까 하는 기대도 피력했다. 영희는 선뜻 내키지 않는 듯했다. 몸이 힘들다는 것이다.

그런 수준에서 이야기를 끝냈어야 했다. 그런데 나는 계속했다.

"지난 월요일, 서울대병원에 갔을 때는 무려 3시간 넘게 눕지 않고도 잘 버텼잖아."

약간 책망하는 투로 들렸을지도 모를 일이었다.

"그때는 선택할 수가 없는 상황이었으니까…."

"3시간 이상을 했는데, 1시간 정도는 눕기도 하면서 할 수 있지 않을까?"

"당신은 내가 얼마나 힘든지, 잘 모르는 것 같아."

사실 내가 옆에서 같이 느껴 보려고 하지만, 어떻게 그 심정을 알 수 있겠는가. 목이 뻣뻣하고 목, 어깨 근육이 막 움직일 때의 느낌이 어떤 것인지를 알기 위해, 이것이 통증을 수반하는지, 쑤시고 아픈지, 아니면 그 느낌이 어떤 것인가를 묻곤 했다. 영희는 통증이 있거나 쑤시고 아픈 것은 아니라고 했다. 그 심정은 '힘들다, 무겁다, 짓누른다' 이런 것에 가까운 것이었다.

"정말 힘들지…. 당신이 힘들 때, 내가 살짝 당신의 손을 잡고 있

2부 괜찮아, 내가 있잖아 127

으면 내 손을 잡아당겨 제멋대로 움직이는 당신 근육 운동이 너무도 강렬한 거야. 그럴 때는 정말 아무것도 할 수 없고 하기 힘들 것 같아. 그렇지만 당신이 누워 있고, 그것을 사람들이 당연한 것으로 생각하면, 빠져나올 방법이 없어."

그러자 영희는 확 내뱉었다.

"그만해! 피곤해!"

순간 나는 '오버'한 것을 알았다. 재빨리 사과하고 물러섰다.

"아이, 미안해, 정말 미안해!"

여느 때 했던 것처럼 누워 있는 영희의 손을 잡아 앞으로 당기면서 일시에 놓고 그때 숨을 내쉬는 동작, 손을 가볍게 흔드는 동작 등을 여러 번 반복했다. 상황이 녹록지 않았다. 몸이 힘든 것처럼 보였다.

저녁 식사 후에 영희의 손발 동작을 돕고, 서재를 치우기 시작했다. 내일 안마 침대가 오는데, 공간을 마련해야 했다. 8. 1.

아내의 취침운동장을 개방하며

원래 바태에 10시에 갈 예정이었으나, 연습장이 어제 이사를 해서 아직 준비가 안 된 모양이었다. 오후 4시로 방문 시간을 조정했다.

오전에 동국대 일산병원 박정이 교수를 만나러 갔다. 어제저녁 영희의 수면이 어땠느냐고 물었다. 알프람 두 알을 먹고 1시간 좀 넘게 지난 후 잤다고 했다. 오늘 아침 상황은 어떠냐고 해서 아침에 대변을 보는 데 힘을 좀 써서 턱이며 어깨가 꽤 떨리는 것을 보고 나왔다고 했다. 박정이 교수는 다음과 같은 새로운 처방을 내주었다.

"알프람을 0.25에서 0.5밀리그램으로 높여 아침 후에 렉사프로, 리보트릴과 함께 먹는다. 알프람을 점심 후, 취침 전에 0.5밀리그램으로 높여 복용한다. 만약 수면이 힘들면 리보트릴을 한 알 복용한다. 알프람은 효과가 빨리 오고 빨리 끝나는 데 반해 리보트릴은 효과가 천천히 오고 오래 간다.

목에 안마, 지압을 받을 때, 상당히 강하게 눌러도 아픈 자각 증세가 없는 것은 특별히 우려할 일은 아니다. 근육이 많이 뭉쳐 있으면 그런 현상이 일어난다. 목, 어깨에 걸쳐 매일 많은 비자발적 근육 운동을 하기 때문에 이런 현상이 나올 수 있다.

환자가 너무 하루하루의 느낌에 집중하는 것보다는 대범하게 넘어가면서 관심을 분산시키는 것이 좋은 치유 효과를 가져온다. 뭔가를 하면서 병의 증후를 잊는 것이 도움이 된다."

영희는 바태어 서는 썩 좋았다고 했다. 그러나 집에 오니 마찬가지로 힘들다고 했다. 실제로 턱이며 어깨가 떨렸다. 식사할 때 더욱 그렇다. 물 마시는 것도 다소 불편하게 보인다.

또 누워 있을 때 항상 팔다리, 몸통이 좌우로 움직인다. 목 근육이 움직이는 것의 여파인 것 같다. 이것이 자연스러운 상태다. 앉게 되면 팔과 다리를 그렇게 움직일 수 없기 때문에 몸이 그만큼 힘들게 느껴질 것 같다.

이에 반해 서서 살살 걸으면서 어깨를 움직이고 살짝 발꿈치를 떼는 것은 팔과 다리를 움직이기 때문에 앉는 것보다 편하다고 느낄 수 있을 것 같았다. 그렇다면, 침대에 등을 기대고 앉아 팔을 가볍게 흔들고 발을 좌우로 왔다 갔다 하면 딱딱하게 앉아 있는 것보다는 낫지 않을까.

영희가 잠들기 전에 팔다리를 이리저리 움직이며 잠을 청하는 것을 보면 가슴이 아팠다. 내가 해 줄 일이 별로 없었다. 물론 옆에 누워서 서로의 팔에서 온기를 느끼며 영희의 팔이 움직이는 방향을 따라 나도 움직이면서 동작이 완화되기를 기다린다. 1시간은 족히 걸린다. 점점 완화되는 것을 느끼면, 나는 "굿나이트." 하고 나온다. 그리고 영희가 잠에 빠진 것을 보면 나도 마음이 편해진다. 냉방을 끄고 나의 일을 한다.

그러나 잠에 빠진다는 것은 나와 헤어진다는 것을 뜻한다. 편안하지만 서로는 남이다. 같이 느낄 수가 없다. 반면 침대 위에서 이리저리 몸을 굴릴 때는 서로를 볼 수도 있고 느낄 수도 있다. 마음이 아팠지만, 생각하기에 따라서 이것은 일종의 운동이다. 잠자기 위해 거쳐가는 운동의 통과의례이기도 한 것이다. '아, 영희가 운동하네. 잠자려고.' 그렇게 생각하면 마음이 가벼워진다.

그때 영희가 말했다.

"당신, 좀 비켜줘."

나는 몸에 열이 나니까 떨어져 있자는 뜻으로 읽었다.

"내가 자유롭게 움직이려면 당신이 침대를 떠나야 해."

"아, 그래, 지금은 운동 시간이야! 마음대로 운동하게 내가 비켜
줄게."

나는 서재에 와서 잠깐 인터넷을 보았다. 그러고 보니 약을 먹은
지 1시간이 지났다. 침실로 들어가니, 아직 영희 몸이 좌우로 움직
였다.

"금방 잘 거야."

나는 침대 밑의 바닥에서 두 다리를 침대에 올리고 잠시 누웠다.
천천히 영희의 몸이 조용해졌다. 에어컨, 선풍기 등을 끄고 서재로
나왔다. 8. 2.

하미는 이불에 들어갈 수 있을까

4장

좋은 날도 있고, 나쁜 날도 있고

"힘들지만, 외부로 나가면 당신은 상당히 자신을 잘 관리해.
눕지 않으면서 앉거나 천천히 걸으면서 어찌 됐건 일정을 소화한다고.
나는 그런 다소 규칙적인 생활을 하면 어떨까 해."

기대와 실망의 변주곡

오늘은 새로운 실험의 결과를 보는 날이다. 어젯밤에 약 두 알을 한꺼번에 복용하고 잤기 때문이다. 1시간 이상 손발 움직임을 하다 잠들었지만, 그래도 전에 비해 양호했다. 한 알을 먹고 잠을 못 자서 두 번째 약을 들 때의 마음은 결코 편하지 않았기 때문이다.

아침에 내가 먼저 눈을 떴다. 영희는 계속 깊은 잠에 빠져 있었다. 나도 누워서 더 잤다.

내가 9시 30분경 눈을 떴을 때, 영희는 일어나서 공진단을 들고 천천히 걷고 있었다. 서로, "굿모닝!" 했다. 아침에는 근육 운동이 약한 편이지만, 오늘은 더 좋은 것 같았다. "목이 안 떨려…."라고 했다. 반가운 말이다.

2부 괜찮아, 내가 있잖아 133

점심 후 잠든 영희는 거의 7시가 되어 깼다. 하루 종일 잠을 잔 것과 같았다. 덕분에 뻣뻣한 목과 묵직한 어깨의 불편함은 완화되었다.

저녁 식사 후, 영희는 한결 여유 있게 텔레비전을 보았다. 완전히 눕기보다 비스듬히 누워서 보는 자세도 보였다. 목의 불편함을 잊고 텔레비전에 관심이 집중되는 것처럼 보였다.

목욕을 다시 시도했다. 이전에 있었던 공포에 찬 경험을 넘어서고 싶었다. 물을 미지근하게 하여 영희가 아무런 문제 없이 들어올 수 있게 했다. 게다가 마사지 물이 나오는 장치도 있어, 이것을 처음으로 사용해 보았다. 소리는 났지만, 기분은 나쁘지 않았다. 영희가 손을 쓸 필요가 없이 내가 샴푸로 머리를 감겨 주었다. 성공이었다. 침실로 나가 영희를 뉘였고, 나는 머리를 말리고 옷을 입히고, 아무튼 순조롭게 되었다.

다시 텔레비전을 보다가 11시 20분경에 취침 전에 먹는 마지막 약 두 알을 먹었다. 1시간이 약간 넘게 지나면 잠이 올 것으로 예상했다. 전에는 약을 먹고 나면 형광등, 텔레비전 등을 모두 끄고 잠을 청했고, 잠에 빠져드는 것이 순탄치 않았다. 1시간 이상 상당한 신체 운동을 했다. 그러나 오늘은 나와 함께 침대에 누운 채 영화를 보았다.

시간이 1시간쯤 지났을 때, 영희의 몸이 움직이는 것이 둔화되는 것 같았다. 잘 준비를 해 주고 영희에게 굿나이트 뽀뽀를 했다. 그러고 나서 안마 의자에 앉아 마사지를 받았다. 아무튼 오늘은 뭔가 크게 달라진 날이다. 내일이 어떻게 될지, 궁금하다. 8. 3.

당신은 왜 이렇게 착해

기대를 모았지만, 오늘은 어제와 매우 달랐다.

영희는 다소 일찍 일어났다. 약을 먹고 잠을 많이 잔 때문인지, 얼굴이 푸석푸석하니 환자 같은 모습이다. 힘이 없고 아주 천천히 걷는다. 8시 40분에 아침을 끝냈다. 식사 때 목 부분이 떨리는 것을 보았다. 보통 아침기면 기분이 좋아 침실과 서재 사이를 왔다 갔다 한다. 그러나 오늘은 바로 누웠다.

9시 20분에 약을 먹고는 많이 힘들어하다 10시 40분경에 잠들었다. 어제보다 빨리 깨서 12시 40분경에 눈을 떴다. 잠을 자고 나면 몸이 가뿐해지는데, 그렇지 않은 모양이었다.

"오늘은 약을 먹었는데도 떨리네…."

영희는 몸 상태에 상당히 민감하다. 물 마시는 것도 어제보다 힘들어했다.

딸이 점심을 도와주는데, 몸이 많이 떨렸다. 음식을 받아먹는 입의 모양도 자연스럽지 않다. 식사는 잘했다.

영희 옆에 누워 있으면, 나에게 오른팔을 움직여 달라고 하기도 했지만, 오른팔로 나의 왼팔을 잡고 막 움직였다. 그런데 그 힘이 무척 셌다. 굉장한 힘으로 근육이 움직인다는 뜻이다. 단순히 턱이 떠는 것이 아니다. 나는 비자발적이지만 영희의 손과 팔이 나의 손, 팔을 이끌어 가는 대로 나의 몸과 마음을 비우려고 한다. 힘들지만 영희는 가끔 일어나 물도 마시고 천천히 걸으면서 어깨, 팔 운동도 한다. 오래 할 수는 없지만….

"내 생각에 지금 몹시 힘들지만, 정말 걱정인 것은 당신이 힘이 약해지고 다리에 근육이 빠져 혹시나 넘어지는 일이 생긴다든지, 그러면 큰일이라는 거야. 근육이 움직여 살이 빠지는 것은 좋지만, 근육 자체가 퇴화하여 다른 문제가 생기면 안 되거든.

힘들지만, 외부로 나가면 당신은 상당히 자신을 잘 관리해. 눕지 않으면서 앉거나 천천히 걸으면서 어찌 됐건 일정을 소화한다고. 나는 그런 다소 규칙적인 생활을 하면 어떨까 해. 절대 무리해서는 안 되지만, 계속 누워 있어도 안 될 것 같아. 긴장을 푸는 작은 동작이라도 하면, 이것이 몸을 피곤하게 만들고, 그러면 잠을 더 잘 잘 것 같아."

이런 생각으로 나는 바로 집 근처의 국립중앙도서관에 가 보면 어떻겠냐고 제안했다.

"더울 텐데…."

"김 기사가 차로 우리를 데려다줄 텐데 뭐."

이런 면에서 보면 영희는 소심하고 겁이 많은 편이다.

내일은 9시까지 서울대병원에 가야 해서 빨리 자야 할 상황이었다. 나는 영희 옆에 누우며 궁금했던 것을 물었다.

"당신 혼자 마음대로 침대 위에서 손과 발을 흔들면서 운동하는 것이 더 좋아, 아니면 내가 옆에서 이렇게 팔을 맞대고 누워 있는 것이 좋아? 어떤 것이 더 편해?"

"당신이 옆에 있으면 내가 의지한다는 느낌이 들어 좋아."

"그렇다면 내가 항상 옆에 있을게."

"일해야 하잖아."

"아냐, 그동안 너무 일을 많이 했어. 이제 당신과 함께 있어야 해."

영희는 고맙다고 했다. 영희는 눈물이 날 것 같다고 했다.

"뭘, 이것은 남편이 응당 해야 할 일인데."

"당신은 왜 이렇게 착해?"

"착하긴, 해야 할 일을 할 뿐이야. 그런데 종교는 고통의 문제에 매우 민감하거든. '왜 인간의 삶은 고통이고, 그 의미는 무엇인가?' 이런 것이 종교의 출발점이지. 고통은 공포와 회피의 대상이 아니라 자신의 죄를 씻어내는, 그래서 마음과 몸이 정화되는 과정, 은총을 받고 구원을 얻는 적극적인 태도를 가르친다고. 당신도 그런 생각을 하는 것 같아. 내가 죄를 많이 지었나 봐, 이런 이야기를 하는 것을 보면."

그러면서 나는 말했다.

"당신은 나에게 잘못한 것이 아무것도 없어. 당신은 나의 축복이었으니까. 우리 아들딸들을 낳았고, 학문적으로 사회적으로 같이 많은 일을 했으니까."

"아냐, 나는 당신에게 잘못을 많이 했어."

"무슨 잘못? 잘못한 거 없어."

"나 혼자 막 앞서가고, 당신은 뒤에 따라오고…."

영희는 힘든 몸을 이끌며 이런저런 생각을 많이 하고 있는 것처럼 보였다.

11시경이 되었다.

"이제 금방 잠이 올 거야. 마음을 편하게 먹어. 나는 항상 당신 옆에 있을 테니까."

"맞아, 한상진은 심영희의 남편이다!"

"그럼, 그럼. 잘 자." 8. 4.

희미하지만 작은 변화가 오다

"뜻밖이었다. 내가 밖에 나가 운동할 때,
자기 혼자 해보았다는 것이다. 속으로 웃음을 감추고는
내가 시범을 보이면서 같이 몸을 움직여 보았다."

달라지는 아내의 자기관리 의지

어제저녁, 아니 사실상 오늘 새벽 3시 30분경 침대에 누웠지만, 7시에 눈을 떴다. 오늘은 영희가 서울대병원에 가는 날이다. 척수를 빼내 자가면역 관련 검사를 받는데, 9시까지 병원에 도착해야 한다. 척수를 빼낸 후에는 4시간 동안 누워 있어야 한다고 들었다. 아마도 힘든 날이 되지 않을까 싶었다.

하지만 영희는 집에 있을 때보다 밖에 나가 강제된 일을 할 때, 잘 관리하는 특성이 있다. 그 이후의 모습도 썩 좋을 때가 있었다. 그래서 오늘 하루가 어떻게 귀결될지 궁금해하며, 딸과 며느리와 함께 병원으로 가는 영희를 배웅했다. 나도 오랜만에 출근했다.

오후 3시에 병원으로 갔다. 다행히 척수를 주사로 빼내는 일은 순조롭게 되었고, 3시 50분에는 집에 올 수 있다고 했다. 희망했던 대로 영희는 쌩쌩한 모습이었다. 긴 시간, 잘 견뎌 내고 자신을 관리한 것이다. 오랫동안 물도 마시지 못한 상태에서 퇴원할 때에야 비로소 물을 마실 수 있었다. 점심도 먹지 못했으니 배도 고플 일이었다.

거의 5시가 되어 식사를 마친 후, 누워서 쉴 때 상태는 상당히 양호했다. 내가 가끔 영희의 오른손을 흔들어 주거나 양팔을 머리 쪽에서 당겨 주면서 흔드는 일을 했지만, 영희의 몸 상태가 나쁘지 않았다. 그리고 일어나 천천히 걸으면서 목 운동, 팔 운동도 했다.

밤 11시가 되자 영희의 몸이 더 조용해지는 것 같았다. 그래서 텔레비전을 껐다.

"왜 텔레비전을 꺼?"

"잠잘 시간이 된 것 같아서…."

"아냐, 나는 좀 더 보려고 하는데…."

"아, 그래. 그렇다면 당연히 켜야지."

정말 반가운 말이었다. 나는 영희가 화면을 보며 별생각 없이 있다 잠에 빠지기를 진정 원했다. 잠자려고 힘들게 애쓰는 것보다 훨씬 좋았다. 내일이 어떻게 될지, 또 궁금해진다. 8. 5.

영희의 아침 상태는 나빠 보이지 않았다. 한약이 새로 와서 먹었고 샤워도 했다. 서울대병원 의료진이 어제 영희가 퇴원하기 전에 채혈해야 했는데, 이것을 잊어버려 오늘 아침 다시 가야 했다.

병원에 도착하니, 전범석 교수의 조교 일을 하던 P 의사가 기다리고 있었다. 순조롭게 채혈하고 돌아올 수 있었다. 영희는 곧장 집으로 돌아갔고, 나는 동생 병문안을 한 다음 이화여대로 가서 지인을 만나 내 책을 전달했다.

집에 오니 가족들이 저녁을 먹고 있었다. 영희는 점심 후, 명상을 하는데 졸려서 3시간 정도 낮잠을 잤다고 했다. 오후에는 약을 먹지 않았는데, 아침에 먹은 것이 효력을 냈는지, 3시간이나 잔 것이다.

저녁을 맛있게 들었다. 그러나 완전히 기분이 가벼운 것은 아니었다. 천천히 걸으면서 어깨를 돌리고 팔을 흔들며 살짝살짝 발꿈치를 올렸다 낮다 하는 것은 그만큼 목이 덜 뻣뻣하고 팔이 엄청나게 무겁지는 않다는 뜻이다. 그러나 역시 어딘가 불편했다. 목욕은 할 수 없다고 했다. 가끔 팔을 돌려 달라는 식의 주문을 했다.

기다리던 안마 침대가 왔다. 설치해 보니 생각보다 다소 높았다. 8. 6.

바로 그것, 자발적 근육강화 운동

나는 점심을 먹고 잠깐 혼자 외출했다가 곧장 집으로 돌아왔다. 영희는 침실에서 서서 물을 마시고 있었다.

"빨리 왔네. 난 한숨 잤어."

"그럼, 할 일만 하고 곧장 왔지. 잠은 많이 잤어?"

"두 시간 정도."

좋은 소식이었다. 잠을 자고 난 뒤라, 상태가 나쁜 것 같지는 않았다. 그러나 팔다리를 흔들어 줄 것을 요구했다. 이것저것 하면서 나는 말했다.

"새로운 도구가 왔잖아. 이것을 잘 사용하는 법을 배우면 좋겠어. 내가 도울 때도 있지만, 당신이 몸 상태에 맞춰 가면서 알맞게 활용하면 좋은 효과가 날 수 있거든. 결국 본인의 몸으로 판단해야 하니까."

그러나 영희는 바태에서 빌려온 TRX 도구를 시험해 볼 생각은 없는 것 같았다. 누워서 팔다리, 몸을 흔들며 텔레비전을 보고 있었다. 그걸 보는 것만으로도 물론 좋은 일이었다. 그렇지만 나는 새로운 도구가 설치되어 있으니, '그래 한번 해볼까? 잘 봐줘, 어떻게 하는 것이 좋은지….' 이런 생각으로 일어나기를 내심 기대했다.

나도 침대에 큰 쿠션을 뒤에 대고 비스듬히 누워 텔레비전을 보는데, 몸이 노곤했다. 잠도 부족했고, 피곤도 하고, 또 계획했던 일들은 제대로 안 되고, 그렇다고 푹 잠을 잘 수 있는 것도 아니고….

'자, 그렇다면 이렇게 있을 것이 아니라 나가서 걷고 운동하자.' 하고 마음먹고 나가려는데, 영희가 물었다.

"새로 설치한 것, 언제 해보지? 혼자 하면 안 된다고 했잖아?"

"내가 항상 스탠바이할 수는 없잖아! 하겠다면, 지금 당장 같이 해보자고."

"아냐, 지금은 아냐."

밖에 나오니 더웠다. 반포천을 따라 걸었고 오면서 조그만 휴식처에서 스트레칭을 하고, 운동장으로 내려와 몇 바퀴 걸었다. 그러면서 생각했다.

'오늘이 새로운 시작이다. 목이 뻣뻣해지고 어깨가 짓누르는 것은 힘든 일이지만, 그야말로 죽는 병은 아니다. 이겨 내야 할 질병이다. 영희가 호흡과 조절한 신체 동작으로 그 길을 스스로 찾아야 한다. 누구도 그 의지를 영희에게 집어넣어 줄 수는 없다. 우리가 최선을 다해 도와야 하지만, 본인이 회복을 위해 해야 할 일을 등한시한다면, 냉정하게 대해야 한다. 가만히 있어도 힘든데 스스로 배우고 연습하는 것은 더 힘든 일일 것이다. 그러나 그렇게 하면 몸이 피곤해지고, 보다 쉽게 잠잘 수 있다. 잠자는 동안 근육을 평안하게 하고, 깨어 있는 동안 근육을 적절한 방식으로 다스리는 운동을 천천히 꾸준히 해 간다면, 결국 복용하는 약의 효과와 함께 몸의 정상화에 기여할 수 있을 것이다.'

저녁 식사 후, 영희와 침실에서 살살 걸으면서 목, 팔 운동을 했다.

한참 텔레비전을 보니, 10시가 되었다. 약을 한 알 먹었다.

"약을 먹은 다음 시간에는 새로 설치한 도구로 가볍게 운동을 하자. 뱉는 호흡을 하면서, 그리고 신체 동작도 힘을 넣는 것이 아니라 힘을 빼는 데 역점을 두고…. 여기서 하니까 덥지도 않고, 또 피곤하면 그대로 침대에 누우면 되고, 아무튼 이런 새로운 실험을 해보자."

"어, 나도 조금 해봤어."

뜻밖이었다. 내가 밖에 나가 운동할 때, 자기 혼자 해보았다는 것이다. 속으로 웃음을 감추고 내가 시범을 보이면서 같이 몸을 움직여 보았다. 나라고 해서 시범을 보일 수 있는 상태는 아니지만, 같이 도와서 했다.

"아이고, 힘들다."

영희는 길게 하지는 못하고 금방 침대 위에 누워 버렸다.

나의 소망이 이루어진 것 같아 기뻤다. 8. 7.

상황이 아닌 나를 변화시켜 주소서

"그러나 엊그제도 그러더니 오늘도 왼팔이 이상하다고 했다.
힘이 없고 손가락의 감각이 무디고 날갯죽지에
담 같은 것이 있어서 왼쪽 어깨가 달라붙는다는 것이다."

기적을 바라는 것은 욕심

오늘은 외출이 없는 날이다. 우리는 둘 다 평일보다 늦게 일어났다. 영희의 아침 상태는 비교적 좋은 편이었다. 그래서 목욕도 했다. 영희는 좋다고 했다. 샴푸로 머리도 감겨 주고, 누워 있으면 머리도 말려 주고, 로션도 손에 떨어뜨려 주고, 옷도 입혀 주고….

그런데 갑자기 왼팔이 힘들다고 했다. 왼쪽 어깻죽지 밑은 누르면 아프다고 했다. 잠자는 자세가 나빴거나 다소 과한 운동을 했기 때문이 아닐까 생각했다. 영희는 아무튼 신체의 변화에 민감한데, 이것이 목을 다시 뻣뻣하게 만드는 경향이 있다. 나도 요즘 목이 너무 뻣뻣하고 어깨가 무겁다고 하면서 흔히 있는 업·다운의 과정일 거라고 위로했다.

2부 괜찮아, 내가 있잖아 145

아침을 10시 넘어 먹었다. 몸이 이상해진다 싶으니까, 아침에 약을 먹자고 해서 0.25밀리그램짜리 한 알을 다른 약과 함께 먹었다. 낮잠을 좀 더 잘 자고 싶은 모양이었다.

점심 후에도, 왼쪽 팔이 이상하다며 누워 있었다. 그러다 2시 40분경 낮잠을 자려고 했다. 계속 불편해했던 오른팔과 손을 내가 하던 방식으로 살살 움직이면 쉽게 잠을 잔다. 아울러 왼팔을 좀 더 스트레칭을 해 주었다. 영희는 두 시간 후에 눈을 떴다.

"어디 가는 거야?"

"응, 성당 가야지…."

"그래, 잘 다녀와."

항상 미사를 볼 때 서로 손을 잡고 '주기도문' 노래를 같이했는데, 혼자 하는 것이 어딘지 마음이 아팠다. 영희는 특히 서 있을 때 가만히 있지를 못하고 몸을 앞으로 뒤로 흔들거렸다. 다른 사람들을 보면 다들 기도할 때는 몸이 꼿꼿한 자세로 있었다. 영희만 몸을 앞뒤로 움직였다. 그러려니 했었다. 왜 이것이 현재의 전주곡인지 깨닫지 못했을까. 분명히 신호를 보냈는데, 등한시한 것이 마음에 사무치게 파고들었다. 신부님은 너무 더운 날이니 강론을 간단히 하겠다면서 기도의 방식을 설명했다.

"살다 보면 어려운 상황에 부딪히기 마련인데, 그 상황을 바꾸어 달라고 기도하면 이것은 기적을 청하는 것이다. 기도의 기본자세는 고통스러운 상황을 속히 끝내 달라고 요구하는 것이 아니라 '하느님, 제가 이 상황을 잘 헤쳐 갈 수 있도록 저를 끊임없이 변화시켜 주십시오!' 이렇게 하는 것이 좋다. 하느님의 뜻에 따라 자신을 바꾸어 가는 것, 여기에 기도의 본질이 있고 효험이 있다."

나는 이 강론이 마음에 큰 울림으로 퍼지는 것을 느꼈다. 짜증 날 때, 속상할 때 흔히 상대를 비난하고 원망하기 쉽다. 그러나 방향을 돌려 나 자신의 변화를 스스로 독려하면 마음이 훨씬 가벼워진다. 나의 변화를 기도하면 상대에 대한 원망도 사라진다. 영희를 간병하는 나에게 꼭 필요한 마음의 자세였다.

저녁에 영희는 약을 먹고 잠들어 2시간쯤 지나 화장실을 가기 위해 일어났다. 다시 자려고 하는데 순조롭지 않은 것처럼 보였다. 내가 다시 영희의 오른손과 팔을 살살 움직였다. 내가 잠을 못 자는 것을 보고 걱정되기도 했겠지만, "됐어, 당신 자."라고 말했다.

"아냐, 나는 괜찮아. 어차피 당신이 잠들고 나서 에어컨을 끄고 자야 해. 걱정 마."

영희 옆에서 나는 같은 동작을 반복했다. 영희는 곧 다시 잠들었다. 그러면서 나는 생각했다. '됐어, 당신 자.' 이렇게 말하는 스타일이 영희의 방식이다. 영희는 항상 무엇인가를 '지시'하는 주체로 자신을 상정한다. 오래된 습관이다. 어떤 결정을 내리는 위치, 지시하는 위치, 무엇인가를 하는 위치, 이런 것이다. "고마워, 힘들지?" 같은 수용적 언어가 없는 것은 아니지만 전형적인 것은 아니다.

모든 것을 내려놓는다는 것, 상대의 위에 있는 주체가 아니라 상대를 따라가는, 상대에게 이렇게 하라고 요구하기보다 상대가 원하는 대로 자신을 맡기는 그런 자세가 영희로서는 터득해야 할 중요한 과제처럼 보인다. 내려놓자, 비우자, 말은 쉽다. 그러나 어려운 일이다. 이것은 나에게도 어려운 과제임이 분명하다. 8. 11.

혼자 잠들 수 있는 밤이 오다

딸이 엄마와 함께 바태로 갔다. 바태에서 빌려왔던 TRX 도구도 반납하고 12시 20분경 돌아왔다.

"어때, 좋았어?"

"응, 좋아졌어. 오늘은 호흡을 많이 연습했어. 오늘 출근할 거야? 김 기사에게 연락해 줘."

자신은 괜찮으니 나더러 연구실에 가 보라는 뜻이었다. 그래서 점심을 하고 1시에 출근하자는 문자 메시지를 보냈다.

6시 반쯤 집에 도착했다. 영희의 표정은 밝았다. 손주들이 우리 침실에서 컴퓨터 게임을 하고 있었다. 영희는 서서 천천히 몸을 움직이고 있었다. 저녁 후, 아들네 식구들이 돌아갔다.

오늘 저녁, 영희는 나에게 손을 이리저리 움직여 달라는 청을 거의 하지 않았다. 우리는 같이 오락 프로그램을 보았다. 영희가 텔레비전에 집중할 수 있는 여유가 훨씬 많이 생겼다. 팔과 다리도 비교적 평온한 셈이다. 영희는 TRX 도구로 운동도 했다. 영희가 등을 나의 가슴에 기댄 채, 내가 몸을 뒤로 젖히면 영희가 숨을 내쉬면서 긴장을 이완하는 것을 느끼게 된다. 이것을 여러 번 반복했다.

9시 40분에 약 한 알을 먹었다. 침대에 누워 텔레비전을 보는데, 약간 잠기운이 있는 듯이 보였다. 그래서 옆에 누워 영희의 손과 팔을 살살 움직였다. 발동작도 조용해졌다. 그래서 전원을 다 끄고 이불을 덮어 주었다.

"왜 텔레비전을 껐지?"

나는 자는 줄 알았는데, 아니었다. 다리가 이상하다고 했다. 그래서 다시 텔레비전, 에어컨을 켜고 다리를 보았다. 오른쪽 팔이 문제이듯이 오른쪽 다리가 주기적으로 떨렸다. 내가 예전에 하던 방식으로 편백나무 안마봉을 종아리 밑에 넣어 오르락내리락하며 풀어 주었다.

보통은 밤에 잠자기 전에는 팔다리가 좌우로 움직이는데, 오늘 저녁은 상당히 평온했다. 나도 마음이 편해져 서재로 나왔다. 11시 반쯤 침실로 갔을 때, 영희는 조용히 잠들어 있었다. 8. 12.

내가 더 강해져야 하는 이유

희비가 엇갈리는 하루였다. 낮에 잠깐이지만 영희와 아파트 단지와 정원을 산책할 때, 그리고 구름카페까지 가서 함께 차를 마실 때, 참 행복했다.

그러나 밤은 최악의 상황이었다. 영희는 호흡 곤란으로 패닉에 빠졌고, 고통 때문에 울었다.

두 가지를 명심해야겠다.

첫째, 내가 집에 영희와 함께 있는 날은 오로지 영희 위주로 생각해야 한다. 5시 반경에 잠에서 깼을 때, 어딘가 불편해서 문을 열고 딸을 부르는 고함을 쳤을 때, 분명 순간적으로 많은 힘이 목에 들어간 것이다. 이것이 막 잠에서 깬 영희의 목 근육을 크게 자극한 것이 아닐까 한다. 내가 옆에 있었다면 이런 일은 일어나지 않았을지도 모른다.

둘째, 영희의 심리를 미루어 짐작건대, 필요할 때 호출할 수 있는 방법을 더 강구해야 한다. 영희가 버튼을 누르면 딸의 방에 호출 신호가 가는 연락 방식을 강구하자. 8. 15.

아침에 내가 늦게 일어났다. 수면 부족으로 피곤했다. 어제의 힘든 경험이 있었기 때문에 오늘은 손을 많이 쓰는 샤워를 안 하는 것이 좋을 것 같았다. 그러나 아침 11시에 바태에 가야 해서 영희는 샤워하기를 원했다.

12시 반경에 영희는 딸과 함께 돌아왔다. 근육 긴장을 풀려고 노력했는데, 성공하지 못했다고 했다. 어제의 후유증이 계속되는 것 같았다. 영희는 하루 종일 거의 누워 있었다. 목 근육 운동이 꽤 강하게 계속되었다.

그동안 영희는 주로 오른팔이 문제였다. 오른쪽 목이 많이 떨리고 근육이 강하게 움직여서 자연히 오른팔에 뭔가 해소할 수 없는 에너지가 분출해서 힘들어했다. 나의 손을 잡고 이리저리 힘차게 움직였다. 상대적으로 왼팔은 문제가 없었다. 그러나 엊그제도 그러더니 오늘도 왼팔이 이상하다고 했다. 힘이 없고 손가락의 감각이 무디고 날갯죽지에 딴 같은 것이 있어서 왼쪽 어깨가 달라붙는다는 것이다. 팔을 앞뒤로 돌리기가 힘들다고도 했다. 보기에도 자세가 부자연스럽다. 심술궂은 유령들이 영희의 근육 속에서 이리저리 몰려다니며 괴롭히는 것 같다.

오늘은 빨리 약을 먹자고 하여 8시 40분쯤 알프람만 0.5밀리그램짜리 한 알을 먹었다. 그러니까 점심, 저녁때 각각 한 알을 먹은 셈이다. 그 뒤 1시간 또는 1시간 반쯤 지나면 잠기운이 온다.

영희가 즐겨 보는 채널을 보았다. 고통으로부터 생각을 분리하기. 이것만으로도 사실 큰 진전이었다.

나는 몸이 너무 지쳐 있고 힘든 것 같아 11시 넘어 반포운동장에 갔다. 시원한 바람이 불었다. 40분 정도 걸었다. 오랜만에 야외에서 걸으면서 여러 생각을 하게 되었다.

'때로는 나의 몸이 꼬이고 힘든 것이 사실이지만, 아픈 영희에게 정말이지 내가 피곤하고 힘든 것처럼 보이게 해서는 결코 안 된다. 때때로 나의 표정을 바라보며 나름의 생각을 하는 영희를 본다. 내가 힘든 것처럼 보이면 이것이 영희를 또한 힘들게 한다. '이것 해 줘, 저것 해 줘'를 자유롭게 말할 수 있도록 해야 한다. 영희로 인해 내가 고생하는 것이 영희에게 심적인 부담으로 작용하지 않도록 내가 항상 마음과 행동으로 포용해야 한다.'

이런 생각에 이어 지난주 강론이 떠올랐다. 힘든 상황을 바꾸어 달라고 기도하는 대신 '하느님, 저를 바꾸어 주십시오' 하는 기도를 드리는 것이 좋다는 말씀이었다. 8. 16.

지금 여기가 우리의 천국

"영희는 오른손으로 어딘가를 붙잡고 당기려고 한다.
특히 나의 손은 안성맞춤이다.
나는 그 손을 보면서 나를 부르는 소리를 읽는다."

바람, 그 시원한 사는 맛

아침에 혼자 반포천 길을 걷다 돌아오니 1시가 넘었다. 딸이 점심을 차리려는 때였다. 평소보다 늦은 시간이다. 점심을 드는 영희를 보니 아주 나쁜 상태는 아니지만 그렇다고 좋은 것도 아니었다.

의자에 앉아 손을 의자 뒤로 하여 잡는 모습을 하고 딸이 거드는 음식을 받아먹었다. 손을 밑으로 놓거나 식탁 위에 올려놓는 것보다 그 자세가 편하게 보였다. 식사가 끝난 후, 나는 영희에게 그런 자세를 관찰해 보자그 했다. 영희는 그 자세가 다른 것보다 편하기는 하지만 오래 있을 수는 없다고 했다.

"그렇지만 식사하는 동안에는 그런 자세로 앉아 있었지 않아?"

나는 어떻게든 영희가 의자에 앉아 있는 것이 중요한 과제라고 보

2부 괜찮아, 내가 있잖아 153

니까, 그렇게 물었다.

"힘들었어. 할 수 없이 참고 있었던 거야!"

"아, 그래…."

나는 더 이상 말을 이을 수 없었다. 텔레비전을 보면서 여러 번 나에게 팔을 당겨 달라는 신호를 보냈다. 힘들다는 뜻이다. 영희가 맥없이 말했다.

"오늘은 알프람을 먹을까?"

힘들면 당연히 먹어야 한다. 약을 먹고 잠을 잤으면 좋겠다는 바람이 묻어 있었다.

우리는 밖의 공기가 선선해서 잠시 걷기로 했다. 1층으로 내려와 밖으로 나왔을 때, 상쾌한 바람이 불었다. 영희는 반겼다. 양팔을 좌우, 위아래로 돌려보고 심호흡도 했다.

"시원한 바람이 부니까 사는 맛이 난다."

근육이 움직이면 열이 나고 땀이 나는 것이 일상인데, 오늘 야외의 상쾌함은 영희에게 큰 기쁨처럼 보였다. 그러나 오래가지 않았다. 우리 동 앞의 둥그런 정원을 한 바퀴 도는 정도였다.

영희와 내가 손을 잡고 하는 힘을 빼는 운동이 있다. 이것을 두 번했다. 이것은 내가 힘을 쓰되 영희는 힘을 빼는 운동이다. 예상 밖으로 영희는 허리를 굽혀 두 팔을 뒤로 올리는 운동을 했다. 영희가 적극적인 게 나는 기뻤다.

154 근육이 마구 떨리는데 마음의 병이라니!

"좋아, 아주 좋아!"

그런데, 그 순간 영희의 표정이 변했다. 뭔가 숨쉬기가 불편한, 약간 숨이 가빠지는 것 같은 표정을 지었다. 이 동작은 힘을 쓰는 것이기 때문에 목 근육이 잡아당기는 반작용을 한 것 같았다. 이내, 영희는 힘들다며 돌아가자고 했다. 서둘러 근처 어린이 놀이터 옆에서 가벼운 스트레칭을 하고는 곧장 집으로 돌아왔다.

9시 10분경, 영희는 약을 한 알 먹었다. 나는 침대 밑에서 다시 텔레비전을 보는 영희를 바라보면서 TRX 도구를 이용하여 손, 발, 어깨, 허리의 긴장을 푸는 운동을 한동안 했다. 영희는 뭔가 재밌는 장면이 있었는지 두어 번 깔깔대며 웃었다. 좋은 징조였다. 건강을 떠나 다른 데 관심을 갖는다는 것이. 나는 출근도 같이하자고 생각하는 중이다.

그런데 안쓰러운 것은 영희가 텔레비전을 보면서도 오른팔이 허공을 맴돈다는 것이다. 영희는 오른손으로 어딘가를 붙잡고 당기려고 한다. 특히 나의 손은 안성맞춤이다. 나는 그 손을 보면서 나를 부르는 소리를 읽는다.

영희가 TRX를 통하여 오른팔의 요구에 대응하는 법을 빨리 체득했으면 좋겠다. 그러나 이것은 시간이 걸릴 것 같다.

나는 잠시 걷고 싶어 반포운동장에 갔다. 오늘은 거의 사람이 없었다. 둥근 달이 하늘에 떠 있었다. 하느님과의 대화가 자연스럽게 마음을 통해 간다.

영희가 나으면 좀 더 인간적으로 성숙한 삶을 살 것 같았다. 아울러 무엇인가 새로운 출발이 이루어지지 않을까? 요즘 내가 탈바꿈 이야기를 하고 있는데, 나의 삶에 탈바꿈이 일어나지 않을까, 이런 생각도 들었다. 8. 17.

이토록 소중한 인생의 한때

영희가 먼저 일어났고 딸이 엄마의 아침을 보살폈다. 아침 식사하는 영희의 모습은 좋았다. 식사도 잘했고 수박도 잘 먹었다. 비교적 선선한 날씨였지만, 영희의 몸 상태를 고려하여 식당에 에어컨을 켰고, 침실에도 에어컨을 켰다.

썩 좋게 출발했지만, 곧 어려운 상황이 왔다. 영희는 아침 전에 대변을 보았는데 신통치 않았고 아침 후에 다시 화장실에 가서 변이 나올 것 같아 힘을 꽤 준 모양이었다. 변을 보았지만, 힘이 많이 들어간 것이 문제일 수 있었다.

내가 칫솔질을 해 주려 하니까, 시원하지 않다고 하면서 자신이 했다. 영희가 칫솔을 움직이는 모습을 보면 매우 힘이 많이 들어가는 것처럼 보였다. 입도 크게 벌리고 칫솔을 치아 안으로 넣어 닦을 때 숨이 가빠지고 있었다.

나는 재빨리 영희를 데리고 나와 눕혀 호흡을 도왔다. 하지만 역부족이었다.

영희는 결국 울음을 터트렸다. 나도 어쩔 방법이 없어 토닥토닥 안아 줄 뿐이었다.

영희는 한참을 울며 눈물을 흘렸다. 눈물을 닦아 주면서 나는 옆을 지켰다.

시간이 지나 다소 진정이 되었다. 그렇지만 오른팔과 손은 여전히 펄떡이듯 강한 힘으로 움직였다.

"자, 그럼 이제 텔레비전을 켤까?"

영희는 웃으면서 그러자고 했다. 한결 나아졌다.

"나 때문에 힘들지?"

"익숙하지 않은 자세를 취하니까, 나도 허리가 좀 이상해⋯."

나는 영희 옆에 누웠다. 영희는 계속 나의 손을 잡았고 또 잡고 있기를 원했다.

"당신, 운동해야 할 텐데, 운동하고 오지⋯."

사실 밖의 날씨는 선선한 편이었고 나가서 걷고 오면 좋겠다는 생각은 아침부터 했다.

"당신이 이런 상태인데, 내가 나갈 수 있겠어?"

"그럼 TRX 도구로 운동해."

"맞아, 좋은 생각이야!"

텔레비전을 보고 있는 영희를 보면서 나는 방 입구, 통로에서 TRX로 이리저리 몸을 풀기 시작했다. 앉았다 섰다, 잡아당기고 매달리고 늘어뜨리고…. 가끔 우리는 서로를 보면서 웃기도 했다.

그러고 보니, 우리가 같이 쓰는 침실, 서재, 그 사이의 통로는 우리의 천국 같은 생각이 들었다. 아파트는 비교적 넓은데, 거실과 식당이 있다. 작은 방 하나는 일종의 도서실이다. 책들이 방 안에 꽉 차 있다.

또 하나의 방은 딸이 쓰고 있고, 그 앞은 딸의 식구인 먼지, 해리, 율리를 위한 방이다. 거실과 우리가 쓰는 공간 사이에 문이 있는데, 이 문을 열면 좌우로 방이 있고 오른쪽은 침실이고, 왼쪽은 서재다. 그 사이에 연결 통로가 있다. 운동할 때는 서재의 문 위에 TRX를 걸쳐서 문을 닫은 후, 통로를 이용하고 침실을 향하는 자세로 이런저런 운동을 한다. 그러면 영희를 보면서 운동을 하게 된다. 모든 것을 이 공간 안에서 할 수 있는 셈이다.

언제, 우리가 이렇게 가깝게 하루를 온종일 같이 보내면서 생각과 감정을 순수하게 일치시킨 적이 있던가? 많은 경우 바빠서 같이 있다 하더라도 마음과 마음이 이렇게 하나로 모이는 경험은 지극히 짧은 시간이었다. 그런데 지금은 정말 하루 종일 우리는 하나의 마음으로 모여 있다. 지나가는 시간 속에 매 순간을 마주하고 있다.

158 근육이 마구 떨리는데 마음의 병이라니!

'여기가 바로 우리의 천국이네!' 이런 생각이 들었다. 둘의 마음이 하나가 되면 불안도 공포도 사라지고, 죽음도 무섭지 않고, 어떤 어려움이 와도 행복할 수 있을 것처럼 느껴졌다. 고통이 축복으로 느껴졌다.

저녁이 되고 밤에 텔레비전을 보면서도 영희는 가끔 나에게 손을 당겨 달라는 신호를 보냈다. 그래서 거의 하루 종일 영희 옆에 붙어 있었다. 조금 힘들어지면 급한 손짓을 보내는 경향도 있다. 영희는 부단히 나의 손을 찾는다. 서로 손을 잡고 있으면 심리적으로 안정되는 것 같았다.

"당신이 없으면 불안해."

"걱정 마. 나는 항상 당신 곁에 있을 거야."

"출근해야 되잖아. 중국도 가야 하고."

"출근은 안 하면 되고, 중국도 못 간다고 하면 되지 뭐."

영희를 위해서라면 모든 것을 할 용의가 있지만, 이런 의존심이 꼭 좋은 것만은 아니다. 그래서 설사 내가 없고, 내 손이 옆에 없다 하더라도 영희가 누워서 나의 손 같은 것을 잡고 긴장을 풀 수 있도록 TRX를 더 길게 장치하려고 했다. 영희에게 누워서 그 도구를 사용해 보라고 했다. 영희는 두어 번 시도했다. 힘들다고 했다.

저녁을 늦게 한 탓에 9시 반에 약을 하나 먹었다. 잠이 올 듯하다

도망가 버려 12시가 되어 리보트릴을 한 알 먹었다. 두 번째였다.

"오늘은 잠이 안 오네."

리보트릴까지 먹은 상태에서 더 이상 기댈 곳도 없었다. 나는 조용히 서재로 나왔다가 잠시 후 다시 침실로 갔다. 영희는 침대 밑의 요 위에서 오른쪽 발을 침대에 걸친 채 자고 있었다.

영희에게 힘든 하루였던 것 같다. 그렇지만 나는 '여기가 나의 천국'임을 느꼈던 하루였다. 8. 18.

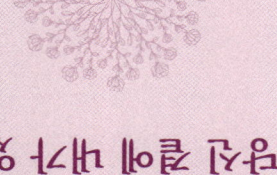

당신 곁에 내가 있어

5장

기다렸던 그 말, 한번 밖에 나가볼까

"저녁 식사 후, 밖의 날씨가 그리 더운 것도 아닌데
한번 나가볼까 했더니 영희는 선뜻 따라나섰다.
오늘은 먼저 약을 한 알 먹고 나왔다."

두 팔을 하나로, 마음을 하나로 묶어

영희는 바태에서 몸이 좀 좋아졌다고 했다. 다행이었다.

곧 아들이 왔다. 아들은 마음이 너그럽고 따뜻해서인지 엄마의 문제에 대해 남다른 감수성을 가지고 있다. 치료 과정에 약간 불신을 내비치며 함께 처방된 약이 과연 치유의 효과가 있는 것인지에 종종 의문을 표했다. 내 생각을 말했다.

"우리는 지금 치유의 방향을 가고 있다. 처방된 약이 어떤 효과를 낼 것인지는 환자마다 특성이 다르고 과정도 다르기에 일률적으로 말하기 힘들다. 시간을 갖고 의료진을 믿고 인내심을 갖자. 당장 효과가 없다고 해서 의사를 불신하면 결국은 다 피해만 본다.

현재 필요한 것은 엄마의 하루하루를 어떻게 하면 좀 더 편안하게

2부 괜찮아, 내가 있잖아 163

할 수 있는지를 다각도로 살피고 연구하는 것이다. 이런 관점에서 분명히 좋아지는 점이 적지 않고 예측이 갈수록 가능해지고 있다. 특히 강한 근육의 압박이 올 경우 어떻게 할 것인가, 엄마가 느끼기 쉬운 불안 또는 공포를 어떻게 넘어설 수 있는가, 또는 저녁때 잠자기까지의 힘들고 불안한 과정을 어떻게 관리할 것인가, 그리고 온종일 누워 있는 것은 분명히 다른 많은 문제를 야기하는 원인이 될 수 있는데 어떻게 하면 엄마가 편안하게 앉아 시간을 보낼 수 있는가를 찾는 것이 중요하다.

이것은 병의 치유에 관한 것은 아니지만, 하루하루의 삶에서는 매우 중요하다. 치유는 결국 의사의 처방과 약의 효과를 언젠가 이루어질 것으로 굳게 믿고 매일의 삶을 꾸려가는 문제에 관심을 가져야 한다."

아들은 부담이 크지 않으니 간병인을 두면 어떻겠냐고 했다. 나는 나쁜 생각은 아니라고 했다. 그렇지만 가족의 마음으로 이 문제를 이겨가는 과정을 밟고 싶다고 했다.

"이를 통해 우리가 하나가 되고 진심으로 마음과 마음이 하나로 융합되는, 그리하여 각자가 새롭게 태어나는 계기로 삼고 싶다."

오후에 외출했다 돌아오니 영희의 상태는 좋은 편이 아니었다. 특히 오른팔에 근육 압력이 꽤 세게 느껴졌다. 잠자는 시간과 그 후의 짧은 시간을 제외하고 계속 그런 상태에 있는 영희가 참 안쓰러워 보인다. 머리의 땀을 닦아 주고 얼굴을 나의 두 손으로 보듬어 주었다.

나는 에어컨이 신통치 않다고 하면서 차라리 에어컨을 끄고 밖의 공기가 들어오도록 하면 어떠냐고 제안했다. 밖의 날씨는 어제만큼 상쾌한 것은 아니지만, 여름의 더위는 아니었다. 영희가 좋다고 했다. 선풍기 정도는 켜놓아서 그냥 지낼 만했다. 그런데 이변이 일어났다.

"한번 밖에 나가볼까?"

너무 반가운 달이었다. 영희의 마음이 바깥으로 향했다는 뜻이다.

"시원한 날씨는 아냐. 그렇지만 충분히 나갈 수 있어."

우리는 같이 1층으로 나갔다. 역시나 시원한 바람이 부는 상쾌한 저녁은 아니었다. 잠시 걷다가, 영희는 "내 오른팔을 잡고 걸어 봐." 했다.

순간 떠오르는 것이 있었다. 저녁에 잠잘 때도 나는 영희의 오른팔과 손을 나의 두 팔과 손으로 잡고 살살 흔들거나 움직이면서 잠을 이끌고는 했다. 영희를 괴롭히는 것은 오른팔이었다. 오른팔이 허리에 딱 붙은 채 무겁게 짓누르기에 어떻게든 오른팔을 허리로부터 떼어내 움직이도록 도와주어야 했다. 이럴 때 나는 영희의 오른쪽에 선다. 나의 왼손으로 영희의 오른 팔목을 받쳐주면서 나의 오른손으로 영희의 오른팔을 위아래로 올렸다 내렸다 하면서 걸었다. 그런데 영희의 오른팔은 허리에 붙어 있던 관계로 원위치로 돌아가

2부 괜찮아, 내가 있잖아   165

려는 압력이 매우 강했다.

근육 압박이 세게 들어오면 나도 적응해야 했다. 이것을 거스르면 영희도 힘들고 나도 무척 힘들다.`

한편 영희의 왼팔을 보살필 때는 나는 영희의 왼쪽에 서서 나의 오른손과 팔로 영희의 왼팔을 머리 위로 올렸다 내렸다 하면서 걸었다. 나의 입장에서 보면 왼팔을 힘차게 앞뒤로 흔들면서 오른팔로 영희의 왼팔을 높이 올리는 행동을 반복하는 셈이 되었다.

영희는 시원하다고 했다. 신통한 일이었다. 따지고 보면, 간단한 원리였다. 영희의 입장에서 보면, 힘을 전혀 쓰지 않은 상태에서 오른팔이 가로로 펼쳐진 채 위아래로 움직임으로써, 어깨의 꽉 응축된 답답함을 다소 벗어나게 된 셈이다. 왼팔도 마찬가지였다. 그래서 발걸음도 한결 가벼워지고 어깨도 풀리는 것을 느끼는 것 같았다. 새로운 희망이 가슴을 밀고 들어왔다. 우리가 실험을 통해 발견한 새로운 노하우였다.

"이렇게 하면 반포 운동장에 가서 두 바퀴는 걸을 수 있지 않을까?"

집에 돌아와서도 이변의 연속이었다. 평소에 비해 무척 오랜 시간 걸었으니 분명 피곤한 일이었다. 영희는 곧 누웠다. 나는 영희의 두 팔을 당겨 보고 이리저리 움직여 보았다. 그런데 신기하게도 목 근육의 심한 운동이 팔과 손에 전달하는 압박을 거의 느낄 수 없었다. 오른팔이 압박에서 꽤 자유로워졌다. 해방감 같은 느낌이었다. 아울러 몸이 피곤하니까 쉽게 잠들 수도 있었다.

"어느 때보다 팔과 손이 조용해. 당신도 느낄 수 있지 않아?"

영희도 그렇다고 했다. 우리는 침대 위로 갔다. 영희의 팔목과 손을 내가 잡고 살살 움직이는데, 불과 1, 2분 안에 조용해지는 것을 느꼈다. 금방 잠을 잔 것이다. 8. 19.

걷기, 걷기, 걷기!

새벽 3시쯤 잠자리에 들었다. 예상했던 대로 막 잠옷을 입는데 영희는 화장실에 가겠다고 깼다. 그 뒤 조용히 잠을 다시 잤다.

영희는 9시 넘어 일어났다. 나는 먼저 일어나서 침실과 서재의 문을 열어 환기를 시켰다. 영희의 상태는 좋아 보였다. 나는 관찰한 것을 바탕으로 실행에 옮길 것들을 머릿속으로 되새김해 보았다.

'대변을 볼 때, 너무 힘을 많이 쓰는 일이 있어서는 안 된다. 식사를 잘하면 대변은 잘 나온다. 칫솔로 이를 닦을 때, 머리를 빳빳이 세우고 입을 크게 벌려 강하게 칫솔질을 하지 말자. 그러면 힘이 많이 들어가고 목 근육을 자극한다. 식사할 때 입을 너무 크게 벌리지 말자. 고개를 약간 숙이자. 아무튼 목 쪽의 근육이 서로 연결되어 있으므로 되도록이면 힘이 적게 들어가는 방식으로 손을 쓰고 먹고 마

시고 행동하게 하자.'

어제 터득한 것을 살리자면, 식사할 때, 한 사람은 음식을 입에 넣어 주는 일을 하고 다른 한 사람은 영희의 오른팔을 가로로 펼치고 왼손을 위아래로 조금씩 흔들어 주는 것이 좋다. 이런 작은 것들이 큰 도움이 된다.

저녁을 먹을 때, 딸이 엄마 음식을 살피고 나는 영희의 오른팔을 수평으로 하고 왼손을 위아래로 가볍게 움직이는 일을 했다. 그러면 한결 식사하기가 쉬워진다. 영희의 팔을 잡고 세심히 느껴 보면, 식사하면서 비교적 딱딱한 음식을 씹을 때 분명 손에 전달되는 근육 운동의 강도가 다르다. 머리를 들고 입을 크게 벌려 먹을 때와 머리를 약간 숙이고 입을 작게 벌려 살살 음식을 먹을 때의 강도도 차이가 있다. 아무튼 많은 것들이 연동하여 작용한다는 것을 느낄 수 있다.

저녁 식사 후, 밖의 날씨가 그리 더운 것도 아닌데 한번 나가볼까 했더니 영희는 선뜻 따라나섰다. 오늘은 먼저 약을 하나 먹고 나왔다.

집을 나오는데, 딸이 엄마의 표정과 자세를 보고, 상태가 별로 안 좋은데 나가도 되느냐고 걱정스레 물었다.

어찌 됐든 밖으로 나와 보니 바람이 시원하지도 않았고 별로 불지도 않았다. 나는 영희의 오른팔을 수평으로 유지하며 천천히 걷기 시작했다. 처음에는 압박이 심해 영희도 나도 상당히 어려웠다. 그러나 차차 좋아졌다. 팔이 부드러워졌고 발걸음도 힘이 생겼다. 상황이 갑자기 밝아졌다.

이렇게 해서 두 번째 저녁 산보도 좋은 결과로 끝났다. 집에 오자마자 힘들었는지 영희는 현관 앞에서 가까운 딸의 방으로 가서 누웠다. 에어컨이 가동되고 있어 좋았다. 영희의 팔을 당겨 보니, 아주 편안한 상태였다.

그런데 곧 잠들 것 같았던 영희는 잠을 자지 못했다. 나는 자리를 비켜 주려고 서재로 나왔다. 잠시 뒤에 가 보니 영희는 침대 밑의 두꺼운 요 위에 누워 있었다.

"차라리 이곳에서 잘까? 여기가 더 시원해."

"그럼, 여기서 자. 2시간 후에는 화장실 가려고 꼭 일어나거든…. 그때쯤 내가 자니까, 침대로 안내할게." 8. 20.

2부 괜찮아, 내가 있잖아 169

내가 더 이상 어떻게 해

"당신의 병은 '죽는 병'이 아니야. '불치의 병'도 아니거든.
잠깐 지나면 회복될 수 있는 병이지.
현재는 분명히 좋아지는 상태에 있어."

라디오 꺼!

어제부터 이론사회학회 연례대회가 춘천 강원대에서 열렸다. 오늘은 내 발표가 있어서 영희가 깨기 전에 집을 나왔다. 오전에 발표를 마쳤지만 오후에 사회를 맡은 순서가 있어서 일정을 마치자마자 곧장 서울로 돌아왔다.

오후 5시 20분에 출발하는 버스로 서울에 오니 8시 전에 집에 도착했다. 딸이 엄마의 오른팔을 이리저리 움직이고 있었다. 내가 곧장 업무를 인계받았다.

9시경에 약을 한 알 먹고 우리는 산보를 나갔다. 이제 영희는 산보 가는 것에 상당히 적극적이다. 며칠간 좋은 경험을 했고, 그 기억이 산보를 요구하는 동기로 작동했다.

170 근육이 마구 떨리는데 마음의 병이라니!

오늘 저녁은 몹시 시원했다. 영희는 매우 기분이 명랑해졌다. 나도 요령이 생겨 영희의 오른 손목과 팔 그리고 손을 좀 더 편안하게 대하는 법을 터득하고 있었다. 손발 운동도 하고 길게 내뱉는 호흡의 동작도 반복했다.

꽤 걸었다. 시원한 바람이 솔솔 불어 한결 기분이 좋았다.

집에 돌아오면 움직였던 몸을 다시 진정시켜 주는 가벼운 동작들이 필요했다. 영희는 누웠고 그러면 나는 영희의 두 팔을 머리 뒤로 당겼다. 비타민C를 물에 타 주었다. 영희가 학회에 대해 물었다.

"오늘 학회, 재미있었어? 당신 발표에 대한 반응은 어땠어? 생태밀리옹 동영상에 대한 반응은 좋았어? 질문도 많았고?"

평소와 다르게 많이 궁금해했다. 그러나 사실 학회는 꽤 썰렁했었다. 첫째 날은 참여자가 상당히 있었지만, 오늘은 둘째 날이어서 참여자도 적고 약간 맥이 빠진 상태였다. 그러나 흥미로운 토론은 있었다. 나도 오후 세션의 사회를 보면서 여러 생각을 했고 배운 것이 많았다. 그러나 이제 자야 하는 시간대가 오는데, 이런 이야기를 하는 것이 좋을지 망설여졌다.

"뭐, 그리 흥미로운 것은 별로 없었어."

이렇게 말하고 나는 잠시 서재로 와서 이메일 점검을 하려고 했다. 그런데 갑자기 이런 생각이 솟아올랐다.

'영희가 오랜만에 나의 학회 참석에 대해 관심을 표명했는데, 내가

뭐 하는 거야! 자세하게 말해 줘야 하는 것 아냐?'

나는 아차! 하는 마음으로 곧 영희에게 갔다. 누워 있는 영희의 머리 위쪽에서 두 팔을 당기고 영희의 얼굴을 나의 두 손으로 쓰다듬으면서 말했다.

"오늘 학술대회 이것저것 듣고 싶어?"

"응!"

"지금은 자야 하는 시간이니까, 내일 해 줄게."

"아냐, 지금 해 줘, 나는 눈 감고 들을 수 있어."

그래서 버스 타고 춘천에 도착한 것에서부터 이야기를 시작하는데, 아들 내외가 왔다. 한동안 넷이서 이런저런 이야기를 나눴다. 대화를 나누는 시간 동안은 영희는 목 떨림이 주는 불편함, 힘든 느낌으로부터 어느 정도 벗어날 수 있었다.

아들 내외가 돌아간 후, 영희는 곧 잘 것 같은 느낌이 있었다. 시간은 이미 11시가 넘었고 약의 효과가 살아 있는지 알 수 없었다. 그런 생각이 영희를 잠에 빠지지 못하게 막은 것이었다.

"이럴 때는 지체 없이 다른 약을 한 알 먹는 거야!"

11시 20분경 약을 먹었지만 쉽게 잠이 오지 않는 것 같았다. 내가 피곤해 보였는지 영희가 말했다.

"당신 먼저 자야겠다."

나는 좀 더 자리를 편하게 해 주려고 잠시 서재에 갔다. 그런데 영희가 또 불렀다.

172 근육이 마구 떨리는데 마음의 병이라니!

"여보!"

사실 피곤하고 허리도 아프고 그랬다. 가만히 옆에 누워 손을 잡아 주었다. 마음을 내려놓고 영희의 손이 움직이는 대로 내 손이 따라 움직이도록 그대로 두었다. 영희는 내가 피곤하다고 생각한다. 나부터 자라고 하는 말이 고맙기는 하지만, 자신의 마음 안에 편안히 있지 못하고 나를 먼저 걱정하는 것이다. 그것만이 아니었다.

"라디오 꺼."

"왜, 라디오 소리가 거슬려?"

"아냐, 그렇지만 양쪽에서 소리가 나오잖아!"

"나오라고 하지 뭐. 불편하면 끄고."

"아냐, 그냥 놔둬도 돼."

영희는 12시 전에 잠에 빠져들었다. 30분 정도의 시간을 나는 영희 옆에서 조용히 지켜보며 생각했다.

소리들은 아주 작은 것이었다. 영희는 "여보, 차 소리 시끄러워. 문 좀 닫아 줘."라든가 "물 떨어지는 소리 나. 수도 좀 꼭 잠가." 같은 말을 할 때도 있다. 잠을 자고자 하는 영희가 왜 이런 지시를 하는 것일까? 주변 소리를 그대로 놔두면서 생각을 편안하게 유지하면 될 일이다. 그것에 신경이 자극된다는 것은 영희의 의식 상태에 있는 어떤 긴장이나 불안을 표현하는 것일 수도 있다. 어쩌면 자신을 내려놓지 못하는 마음의 상태를 보여 주는 것은 아닐까. 8. 23.

침실에 구조물을 설치하다

영희는 새벽에 깼다고 했다. 잠을 설친 것 같다. 나는 자고 있어서 몰랐다. 아침 식사 후 우리는 30분 정도 걸었다. 몸에 힘이 많이 들어가 있어 이완이 안 된다고 했다. 걷는 것도 힘들어했다.

나는 영희와 함께 바태를 갔다. 원장이 여러 질문에 친절하게 대답을 해 주었다. 벽에 있는 전기 스위치 같은 것을 누를 때, 장애인처럼 손을 괴상하게 올려 누르는 현상이 자주 나타난다고 물어보면, 목이 어깨를 강력하게 조이니까 원치 않는 근육 작용이 일어난다고 설명해 주었다. 긴장을 풀면서 차차 좋아질 거라고 했다.

나는 바태에 설치되어 있는 4면의 벽과 천장을 촘촘히 잇는 체력 단련 구조물이 인상적이었다. 구조물의 여기저기에 TRX를 매달아 놓고 이것을 잡아당기거나 앞으로 밀면서 몸 스트레칭을 하도록 되어 있었다. 나는 이것을 침실에 설치하고 싶었다. 그러면 여기에 여러 줄을 내려놓고 손잡이 같은 것을 설치해 놓으면 허공을 맴도는 팔다리를 영희가 그곳에 넣어 좀 더 편안해질 것 같았다. 그래서 그 구조물을 자세히 관찰했고, 김 기사에게 비슷한 것을 설치할 수 있도록 여러 개의 봉과 나사들을 구입하라고 이미 요청한 상태였다.

이런 면에서 김 기사는 아주 유능한 재주꾼이었다. 침대 앞의 면적에 봉 6개를 세워 연결한 다음, 영희가 손과 발을 넣어 스스로 손발을 움직이면서 조절할 수 있는 줄들을 달았다. 이렇게 해서 침실이 바태의 실습장 같은 구조물을 갖게 되었다. 이것은 진정 획기적인 생각이었다. 내가 옆에 없을 때 무엇인가를 잡기 위해 허공을 맴도는 영희의 팔과 다리에 일종의 안식처를 제공할 수도 있기 때문이다. 이렇게 해놓고 보니 침실이 단순한 침실이 아니었다. 영희가 기능성 이상운동증후군으로부터 탈출할 수 있도록 도와주는 작업장이자 실습실처럼 보였다.

이렇게 작업을 하느라 오후에 적지 않은 시간이 걸렸다. 그래서 저녁을 마친 후 산보를 나가자고 하면서 수건이며 물병 등을 챙겼다. 그런데 영희는 여전히 몸이 꽤 불편한 듯 보였다. 침실에 세워놓은 봉을 붙잡고 있는 표정이 평온치 않았다. 영희가 순간적이지만 짜증을 냈다.

"왜 이렇게 기다리게 하는 거야, 빨리빨리 하지 않고…."

나는 영희의 표정을 살폈다.

"힘들면 누워. 먼저 쉬자."

그래서 영희는 침대 밑의 요 위에 누웠다. 침대는 좀 더 더우니까. 나는 영희의 팔을 당기면서 어떡하든 힘든 국면을 넘기고자 했다.

"꼭 나가야 하는 건 아니야. 힘들면 누워 있자."

간병인이 필요하지 않을까

사실 영희는 아침부터 좋지 않았다. 바태에 갔을 때도 원장은 영희의 오른쪽 팔과 어깨, 왼쪽 복부 쪽은 긴장이 안 풀린다고 했었다. 그렇지만 나는 침실 구조물 설치에 마음을 뺏겨 영희의 건강에 응분의 관심을 표하지 못했다. 그러는 사이 저녁때가 되자 상황이 더 나빠진 것이다.

"몸이 힘들면 누워 있자고…."

뭘 어찌해야겠다는 생각이 나지 않고 있는데 영희는 다시 시원한 바람을 쐬고 싶다고 했다. 그러면서 내가 일을 내 뜻대로 일방적으로 한다고 투정을 부리는 것이었다. 나도 순간 언짢아졌다.

"내가 더 이상 어떻게 해…. 항상 옆에 있고 부르면 즉시 가고, 하루 종일 당신 곁에 있잖아! 오늘도 바태에 다녀왔고 침실에 구조물도 설치했잖아!"

아뿔싸, 나는 한 발짝 더 나가고 말았다.

"그렇게 내가 못마땅하면 차라리 간병인을 한 명 두자. 당신과 함께 잠도 자고…."

이런 불편한 마음으로 우리는 집을 나왔다. 몇 걸음 걸을 때까지 아무도 말하지 않았다.

176 근육이 마구 떨리는데 마음의 병이라니!

시원한 바람이 불었다. 나는 영희가 시원한 바람을 좋아할 줄 알았다. 그런데 영희는 울먹울먹하더니 울음을 터트렸다.

"내가 당신을 너무 괴롭히나 봐! 내가 이런 사람이 되어서는 안 되는데…."

시원한 바람이 얼굴을 감싸는데, 영희는 엉엉 울었다.

"울기는…. 당신 몸이 힘드니까 그렇지…."

나는 영희 뒤에서 영희 몸을 내 가슴에 받치면서 허리를 뒤로 젖혀 힘을 빼는 운동을 했다. 서로 마주보고 손을 잡고 하는 힘 빼기 운동도 했다. 눈물을 닦아 주었다. 미안했다.

우리는 걸었다. 시원한 바람이 부니까 기분이 조금 나아졌다.

"간병인 둘 거야?"

영희는 불안한 듯 물었다.

"아냐, 나는 처음부터 반대했어. 내가 다 할 거야! 당신 옆에는 항상 내가 있어."

몸은 아프고 현실적으로 나에게 의존할 수밖에 없는 상태에서 영희는 내 눈치를 보는 것 같았다. 그렇지만 많은 경우, 영희는 자신이 환자라는 의식 없이 모든 것의 중심에서, 작은 것까지 지시하고 확인하고 싶어 한다. 이런 마음의 상태를 벗어나야 하는데…, 탈바꿈이 일어나야 하는데….

집에 돌아와서 우리는 많은 이야기를 했다.

"당신의 병은 '죽는 병'이 아니야. '불치의 병'도 아니거든. 잠깐 지나면 회복될 수 있는 병이지. 당신은 분명히 좋아지는 상태에 있어. 알 수 없는 요인에 의해 업·다운이 일어나지만 대수롭지 않게 여겨 봐. 상태는 많이 좋아지고 있어. 훨씬 더 어려운 사정에서 고생하는 사람이 많잖아."

"내 상태는 분명 괜찮은 거지?"

"그럼. 우리는 이제 어떤 상황이 오건 대처하는 방법을 알고 있어. 걱정 없어! 침실에 구조물도 설치했잖아. 이것은 우리가 스스로 상황을 관리하는 중요한 혁신이라구!"

11시 넘어 영희는 잠들었다. 8. 30.

오늘은 이만큼, 내일은 더 멀리

아침 늦게 깼다. 10시가 넘어 버렸다. 아침 식사 후 11시경에 산보를 나갔다.

오늘은 영희의 몸이 가벼운 편이다. 조금 걷다 옆 동을 지나 분수대 주변의 등받이 없는 긴 의자에 누워서 쉬었다.

"오늘은 반포천 따라 놀이공터까지 가 볼까?"

"아냐, 그건 너무 멀어."

"그럼 초등학교 앞의 팔각정까지 가자. 그곳에 평상이 있으니까 그곳에서 잠깐 쉬고…."

시원한 바람이 불었다. 발걸음이 저절로 이끌렸다.

"아이, 시원해!"

팔각정에서 영희는 거의 수면 상태에 빠졌다. 집에 돌아와서도 곧장 자더니 12시에서 3시까지 꿀잠이었다.

일어나 늦게 점심을 먹고 잠깐 쉰 뒤 또 산보를 나갔다. 아침과 같은 코스로 가다가 커뮤니티센터에 들어가서 걸었다. 나오는 길은 승강기 대신 37단계가 있는 올라가는 계단식 길로 왔다. 다리 운동이 많이 되었다.

7시에 저녁을 먹고 텔레비전을 보고 있었다.

"다시 한 번 나가자!"

"아냐, 두 번이나 나갔는데….."

"밖에 나가면 시원하고, 밥도 먹었는데 소화도 시켜야지."

영희는 두 번이나 나갔으니 충분하다고 생각하는 것 같았다.

"그래 나가자! 당신을 따라야지. 나의 운명을 쥐고 있는 당신을 따라야지."

그렇게 약을 먹고 8시 30분에 집을 나왔다.

어제의 기억에 대한 반전이었다. 나는 야외 매트까지 가지고 나갔다. 오전, 오후의 역순으로 아파트 단지를 돌면서 분수대를 둘러싼 돌로 된 넓은 석대 위에 매트를 깔고 영희를 그 위에 뉘었다. 가져간 긴 얇은 포로 몸과 다리를 덮었다. 그리고 긴장·이완 동작을 반복했다. 아주 편안한 모습이었다. 거의 잘 뻔했다. 몸의 상태도 평온해졌다.

10시경에 집에 돌아왔다. 그리고 금방 잠들었다.

11시 10분경, 나는 운동장으로 나갔다가 1시간 뒤에 돌아왔다.

"돌아왔어?"

나는 즉각 옆에 누워 손과 팔을 살살 움직였다. 영희는 곧 다시 잤다.

좋은 하루였다. 8. 31.

곁에 있어도 늘 그리운 나의 연인

"영희는 앉아 있을 때도 있지만 대부분 서서 들었고
모든 과정을 잘 관리했다. 아마도 그런 모임을 갖는 것에 대해
자신감을 갖게 되었을 것이다."

스스로 운동기구를 사용하다

오전에 바태를 함께 다녀왔다. 몸이 많이 풀렸다는 진단을 받았다. 원장이 목 운동을 시킬 때, 최초로 '뚝' 하는 소리가 났다. 좋은 신호라고 했다. 전에는 무엇을 하건 신호가 없었다. 목과 어깨가 딱딱하게 굳어 있어서 안마도 별 느낌이 없고 목은 제대로 돌아가지 않았다. 영희의 마음도 밝아졌다.

나는 오랜만에 출근했다가 7시경에 집에 도착해서 식사 후에 산보를 나갔다. 분수대 주변 석대 위에 누워 이런저런 이야기를 하다가 오늘 처리했던 재단과 연구소 이야기도 했다.

영희는 9월 중순에 우리 연구소에서 열릴 예정인 여성 교수 집담

회에 나가 보고 싶다고 했다. 정말 좋은 생각이었다. 10시경, 집으로
와서 순조롭게 잠을 잤다. 9. 2.

11시 넘어 아침 식사를 했다. 반포천을 따라 산보했다. 이전에 우
리가 갔던 마지막 삼거리 지점까지 갔다. 오면서 쉼터에서 야외 매
트를 깔고 쉬면서 스트레칭을 했다. 많이 걸었다.

오는 길에 영희는 그동안 허리에 딱 붙어 아무 감각이 없던 오른팔
이 조금 움직이기 시작한다면서 신기하다고, 또 좋다고 했다. 많이
걸으면서 생긴 효과가 아닐까?

점심 후, 영희는 잤다. 나도 너무 피곤하여 영희 옆에 누웠는데, 영
희가 가벼운 이불을 덮어 주는 것을 느꼈다. 영희가 옆에서 코를 골
며 자는 소리에 나는 깼다.

5시 5분 전! 성당 미사에 가야 할 시간이었다. 영희는 침실에 설치된
구조물을 이용하여 두 발을 위로부터 내려온 TRX 벨트에 넣고 오른손
은 줄에 연결된 손잡이에 넣은 채 자고 있었다. 이런 모습은 처음이다.
영희의 속마음을 조금 알 것도 같았다. 손과 발을 빼 주고 나왔다. 9. 8.

영희는 전범석 교수한테 진료를 보러 갔다. 검사 결과는 모두 문
제가 없는 것으로 나왔다. 정신의학과 함봉진 교수와 협진하기로 했
다는 이야기도 해 주었다. 검사 결과가 좋아서인지 영희의 기분은
괜찮아 보였다.

영희와 산보를 나가 반포천 중간까지 갔다 왔다 했다. 돌아오면서 공원의 평상 위에 자리를 펴고 쉬었다. 걷는 것은 아주 수월해졌다.

"어? 오른팔이 움직이네!"

영희의 말에 놀라 바라보니 과연 허리에 붙어 있던 오른팔이 움직이기 시작했다. 그렇지만 영희는 이제 왼팔이 불편하다고 호소했다. 오른쪽과 왼쪽의 기능들이 뭔가 '밀당'이라도 하는 모양이었다. 전체적으로 팔에 기운이 없다고 했다. 손의 감각이 둔하다는 느낌도 토로했다.

환자는 항상 현재의 상황에 민감하지만, 동반자는 시간의 추이에 따른 변화를 본다는 점을 서로 이야기했다. 상황은 분명 좋아지고 있다고…. 작은 어려움에 대해서는 좀 더 대범해지자고 했다. 9. 11.

추석날. 아침 9시 20분에 아들 가족과 함께 부모님 묘소에 다녀왔다. 영희는 같이 갈 수 없어서 대신 아침 산보를 딸에게 부탁했다. 따뜻한 날씨였다.

지난 수요일 영희가 전 교수 진료를 받으러 갔던 날 1시간 이상을 기다렸다고 한다. 그래서 며느리가 엄마의 손을 붙잡고 걷다가, 엄마가 어깨에 손을 놓고 걸으셨다고 한다. 그때는 잘 몰랐는데, 다음 날 되니까 어깨가 아팠다고 한다. 그래서 내가 하루에 세 번이나 산보를 나간다고 하니까 고생이 많겠다는 것을 알게 되었다고 했다. 아들이 거들어 말했다.

"문제가 금방 해결되기는 어려운 상황이니 낮에 간병인을 한 사람 두면 좋겠어요."

나는 상황이 많이 좋아지고 있고, 간병인을 두면 나는 다소 편해지겠지만, 엄마와 간병인 사이의 관계가 새로운 문제가 될 수도 있으니, 아무튼 엄마와 상의하자고 했다. 다만, 내가 며칠 뒤에 베이징에 가야 하고 그 뒤에는 창춘을 가야 하는데, 그때 간병인을 두고 좋은 관계를 맺으면 어떨까 하고 제안했다.

며느리는 미리 의사를 타진해 보았다며, 명절 때 집에 와서 도와주시던 분은 어떠냐고 말했다. 우리도 그분을 여러 번 보았는데 사람이 좋아 보여 괜찮을 것 같다고 느꼈다.

저녁에는 영희와 함께 산보를 나갔다. 오늘은 다른 길을 택했다. 오전에 딸과 함께 거길 걸었다고 했다. 단지 후문에서 초등학교로 가는 산책로를 택했다. 그 뒤 누워서 쉴 수 있는 곳으로 가기로 했다.

이번에는 둥근 밴드로 나의 왼손과 영희의 오른손을 유연하게 연결하여 걸었는데, 뜻밖에 영희는 괜찮다고 했다. 중요한 발견이었다. 기뻤다. 쉬는 곳으로 와서 영희는 누워 편안하고 좋은 시간을 가졌다.

식사 후, 우리는 곧 다시 산보를 나갔다. 오후 코스와 같으니까 영희로서는 세 번째 산보다. 추석 보름달이 높은 하늘 위에 둥그렇게 떠 있었다. 영희를 스트레칭하면서 몸을 뒤에서 좌우로 흔들었다. 좋은 운동 같았다. 양손이 자유롭게 움직이니까 영희도 좋다고 했다.

오후에 했던 것과 같은 방식으로 영희의 오른손과 나의 왼손을 연결하여 걸었다. 즉 영희는 오른손에 전혀 힘을 주지 않고 내가 이끄는 대로 따라가는 방식의 산보를 했다. 썩 잘 되었다. 중요한 진보다.

다시 우리 집 옆 동 앞으로 가서 자리를 펴고 누웠다. 바닥이 찰지도 몰라, 가지고 간 영희의 상의를 입히고 바닥에 까는 것을 두 겹으로 하여 냉기가 올라오지 않게 했다.

둥근 달이 바로 눈 위에 있었다. 영희는 기분이 좋아졌다. 돌아올 때, 영희는 달을 향해 외쳤다.

"우리는 이렇게 열심히 매일 노력하고 있어요!" 9. 13.

말이 꽃처럼 곱게 되려면

영희가 바태에 다녀온 날이었다. 나는 반갑게 맞이했다. 오늘은 어땠는지 물어보려는데 영희가 앞질러 단박에 말했다.

"바태 원장이 밴드로 연결하고 걷는 거 하지 말래!"

나는 순간 심히 거슬렸다. 사실 아침에도 바태에 가기 전에 30분 정도 산보를 했다. 산보를 하지 않으면 나도 편하다. 그냥 나갈 때 "잘 다녀와." 하면 되니까. 하지만 조금이라도 긴장을 풀고 몸 상태를 호전하고자 산보를 거들었던 것인데….

"힘들겠지만 몸을 풀기 위해 노력했고, 우리가 개발한 가장 편안한 산보 방법 아닌가. 내가 당신의 팔과 손목을 받쳐 들고 산보하면, 아래로 밀어내는 당신의 강력한 근육 작용 때문에 너무 힘들고, 내 손목 실핏줄이 터지지 않았느냐?

이런 상태를 참으면서 당신 몸 전체의 건강에 필수적인 산보를 위해 우리가 개발한 것이다. 도대체 바태 원장에게 어떤 정보를 전했기에 하지 말라는 답이 나오는 것인지. 그분이 우리가 무엇을 어떻게 하는지 어떻게 알 수 있나? 오직 당신이 전달한 정보를 듣고 한마디한 것이겠지. 그분은 내가 무리하게 일방적으로 당신이 원치 않는 것을 한다는 인상을 받은 것 아니냐? 그렇다면, 나도 최소한의 역할만 하겠다. 무엇을 위해 이렇게 힘들게 노력해야 하느냐? 당신이 싫다면 나도 할 생각이 없다!"

나의 상한 기분은 쉽게 가시지 않았다.

"말은 곧 마음이다. 바태를 다녀온 첫마디가 이래도 되는 거야? 왜 나의 마음을 배려하지 않고 그런 말을 하지? 말하는 법을 배워야 한다. 이것이 내가 희망하는 탈바꿈이다. 그런데 당신은 과거의 모습을 그대로 지키고 있다!"

나는 점심을 먹고 출근했다. 일단 벗어나고 싶었다. 출근해서 엄청나게 많은 일을 했다.

집에 돌아와서 저녁 이후 영희와 함께 단지 안에서 산보했다. 오전의 상한 마음을 풀고, 화낸 것을 사과했다.

영희는 자신의 잘못이라고 말했다. 영희는 우리가 쉬러 가는 옆 동 앞의 공간에 누웠다. 둥근 달이 떠 있었다. 그러나 잠자는 모드처럼 편안한 것은 아니었다. 팔 근육 운동이 꽤 있었다. 집에 돌아와서 스트레칭을 하고 로션 바르는 걸 돕고 잠에 이끌려고 했다. 영희의 오른팔이 떨리고 저 멋대로 계속 움직였다.

나는 인내심을 가지고 오른팔의 움직임을 쳐다보면서 영희의 긴장을 풀고자 했다. 어느 시점이 되니까 스르륵 잠을 잤다. 2시간 후 깼고, 나는 즉시 영희를 침대로 인도하여 옆에 뉘었다. 오른팔이 약간 떨렸다. 내가 보통 해 주는 방식으로 팔 근육의 긴장을 풀고자 했다. 그러자 곧 다시 잠을 잤다. 9. 16.

첫 외부 활동, 예전 활기를 되찾다

오늘은 중요한 날이었다. 영희의 동료 여성 교수들의 집담회를 중민재단 세미나실에서 열기로 했기 때문이다.

아침에 서둘러 바태를 같이 갔다. 새로운 동작으로 영희를 돕는 것을 보았다. 나는 곧장 연구소로 갔고 영희는 집에 가서 점심 후 연구소로 오기로 했다.

영희는 2시가 되어서 왔다. 동료들과 좋은 시간을 가졌다. 영희는 환하게 웃는 표정이었고, 나는 그 옆에 앉거나 서서 영희를 돕는 일을 했다. 단체사진도 찍었다. 끝나기 전에 내가 이리저리 움직이면서 여러 사진을 찍었는데, 다들 잘 나왔다. 특히 영희의 표정이 밝았다. 사진을 '카톡'으로 아들에게 보냈더니 금방 엄마의 표정이 좋다며 답을 보내왔다.

세미나는 매우 성공적이었다. 동료들은 영희의 상태가 좋아지고 있다는 점을 직접 확인할 수 있었고 모두 기뻐했다. 영희도 자신감을 얻고 무척 즐거워했다. 영희는 앉아 있을 때도 있지만, 대부분 서서 들었고 모든 과정을 잘 관리했다. 아마도 그런 모임을 갖는 것에 대해 자신감을 갖게 되었을 것이다.

친구들도 전에 영희를 보았을 때는 환자같이 얼굴이 하얗고 창백했는데, 오늘은 건강하게 보여 좋았다며 덩달아 즐거워했다.

집에 와서 건강보험공단에서 온 전화를 받았다. 전에 신청했던 장기요양서비스를 받기 위해서는 의사소견서를 목요일까지 내야 하는 상황인데 잘 되고 있느냐고 친절하게 물었다. 나는 병원에서는 환자의 병이 '심인성 질병'이어서 해당되지 않는다는 말을 들었다고 전했다.

그러자 공단 직원은 서류에 있는 첫 번째 병명의 체크는 65세 미만의 환자에게만 해당하는 것이라고 했다. 하지만 의사소견서는 필수적이라고 했다.

그래서 동국대 일산병원에 연락하려 했으나 쉽지 않았다. 의사와의 통화는 불가능했고 다른 환자의 예약 취소가 생길지도 모르니 대기 신청을 해 놓으라고 했다. 어제 진료에서 안 된다고 했기 때문에 결과는 알 수 없는 일이었다. 병원 관료제 문턱에 걸린 셈이다.

나는 밤에 박정이 교수한테 이메일을 썼다. 공단 쪽에서는 된다 하는데 혹시 병원 쪽에서 안 된다고 하면 다른 방법으로 해결할 수 있는 길이 있는지 알아보겠다고 썼다. 9. 18.

내가 부재할 때를 대비해 영희를 도와줄 은영 씨가 오는 날이다. 오늘 전에 주문했던 안락의자도 올 예정인데, 오후에 약속이 있어 의자를 오전 중에 송달해 줄 것을 요청했다. 은영 씨에게도 내가 영희를 돕는 방식을 보여 주는 것이 도움이 될 것 같아 11시까지 오면 좋겠다고 했다.

그런데 갑자기 동국대 일산병원에서 연락이 왔다. 장기요양서비스 신청에 관해 의사소견서가 작성되어 있으니 찾아가라는 것이었다. 반드시 환자가 와야 한다고 했다. 병원 측은 환자 일반을 생각하고 노인에 관한 규정을 깜박했던 것 같았다. 그렇지만 신속히 대처해 준 것은 고마운 일이었다.

어찌 되었건 오늘 다시 일산병원에 가야 했다. 급히 김 기사에게 연락하여 딸이 엄마를 모시고 일산을 다녀왔다. 그 사이 안락의자가 와서 침실의 적당한 곳에 설치했다.

환자는 없었지만, 은영 씨에게 나의 경험과 주의할 점을 이야기했다. 영희가 돌아온 이후, 같이 식사했고 나의 노하우를 동작으로 설명했다. 9. 19.

9월 20일 출국해서 베이징에 갔다가 많은 일을 하고 9월 23일 오후 늦게 귀국했다.

집에 오니 10시가 되었다. 밤에는 길이 막히지 않아 신속하게 집에 도착했다. 영희는 어떤 모습일까.

베이징에서 두어 번 전화를 한 적이 있었다. 놀랍게도 내가 서울을 떠난 날 오후에는 안락의자에서 텔레비전을 보았고, 2시간이나 낮잠을 잤다고 했다. 서울로 전화했을 때 나는 칭화대 남문 앞 현대식 건물 안의 새로 개장한 멋진 일식집에서 대화를 나누고 있었다. 영희의 고무적인 호전 상태를 듣고 정루 등 중국동료들과 즐거워했던 기억이 생생하게 떠올랐다.

"어서 와, 수고했어."

집에 와 문을 열고 들어가는데, 영희가 나와서 나를 반겼다. 우리는 정말 반가운 연인처럼 다정히 포옹했다. 누워 있다 나온 탓인지, 영희는 머리가 다소 어지럽게 보이고 얼굴도 조금 아픈 사람처럼 보이기도 했다. 애잔했다.

나는 손을 닦고 방에 들어가자마자, 물 한 잔도 마시기 전에 영희 옆에서 손목과 팔을 당겨 올리면서 돕고자 했다. 그런데 이상하게 다시 오른팔이 강하게 허리 쪽에 붙어 있었고 그쪽으로 돌아가려는 힘이 강했다. 영희는 팔이 딱 붙어 있다고 말했다. 가슴이 덜컹했다.

나는 영희를 거실로 데리고 나가 세라젬에 눕게 한 후 영희의 몸을 스트레칭하면서 긴장을 풀어 주었다. 잠시 후 침대로 인도해 이제 수면 시간이라며 취침용 동작을 했다. 하지만 오른팔의 운동이 아직도 강하게 느껴졌다. 이럴 때 먹는 약을 하나 들게 했다. 나는 여러 동작으로 수면을 돕고자 했다.

한참 후, 손이 가벼워졌고 전에 하던 방식으로 수면을 도왔다. 영희는 곧 잠을 잤다. 나는 귀국하여 정리할 것을 정리하고 늦게 잤다. 다행히 영희는 깨지 않고 계속 잤다. 마음이 놓였다. 9. 23.

나는 종일 집에 있었다. 영희의 몸 상태를 살피고 확인할 필요가 있었다. 10시경에 은영 씨가 왔다. 같이 산보를 나갔다. 은영 씨가 열심히 도와주려 했다. 나는 틈틈이 영희와 함께 스트레칭하고 긴장을 푸는 동작을 했다.

은영 씨는 나보고 프로 같다고 했다. 모두 웃었다. 영희의 손은 곧 긴장이 풀려 가벼워졌고 팔도 어깨도 좋아졌다. 스스로 팔을 올리고 돌리는 동작을 할 수 있게 되었다. 다행이었다.

점심 후에 다시 산보를 나갔다. 은영 씨가 하는 것을 보면서, 나도 내 몸의 긴장을 풀어야겠다고 생각했다. 영희의 몸은 아무튼 어제 저녁에 보았던 것과는 많이 달라졌다. 가볍고 부드러워졌다. 산보를 마치고 오면서 나는 영희에게 미장원에 가서 머리를 정리하자고 했다. 영희는 처음에는 동의했으나 생머리가 되면 어떻게 변할지 모르니 딸과 함께 가면 좋겠다고 했다.

저녁을 하면서 딸에게 말했더니, 식사 후에 곧장 가자고 하여 영희의 머리를 커트하고 왔다. 이전보다 인상이 훨씬 좋아졌다. 그러나 머리를 커트하는 동안 의자에 앉아 머리를 빳빳하게 유지했더니 힘들다며 누웠다. 누워 있을 때, 나는 영희의 머리 위에서 손과 팔을 당기고 푸는 동작을 반복했다.

영희는 약을 먹고 다시 산보 가는 데 동의했다. 오늘 네 번째 산보였다. 그러나 많이 하지는 못했다. 다소 힘든 것 같았다. 아파트 단지 입구에 있는 돌로 된 앉는 곳에 가서 야외 매트를 깔고 다른 것들을 바닥에 깔아 영희를 눕혔다. 그러고는 여러 긴장·이완 동작을 반복했다. 영희는 누워 있으니 엉덩이 아픈 것이 좋아졌다고 했다. 아무튼 네 번째 산보를 마쳤다.

집에 와서 잠자는 모드로 들어갔다. 어젯밤보다 훨씬 수월하게 침대에서 잠을 잤다. 추가적인 약 복용도 없었다. 9시에 한 알을 먹고 11시경에 편안하게 잠들었다. 9. 24.

3부
모든 것을 다시 배우다

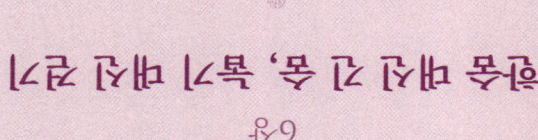

6장

황홀 바깥의 춤, 측은 바깥의 잡기

숨 쉬는 게 이렇게 힘든 일이었던가

"숨을 쉴 때 들숨은 쉬지 말고 날숨만 쉬라고 했다.
그러면 들숨은 자연스레 쉬어진다고 하면서.
조한 '아~~.' 하고 소리를 내보라고 했다."

바태, 뜻밖의 행운

실낱같은 희망이 찾아온 것일까. 통증과 경련, 불면에 시달리던 어느 날, 아들의 소개로 한의사 한 분이 집으로 왕진을 왔다. 내가 외출할 수 없는 상태여서 배려를 해 준 것이다.

여러 가지 증상을 들은 한의사는 내 손목을 잡고 맥을 짚었다. 그리고는 한약을 지어 주겠다고 해서 그것을 두 재 먹었다. 한약은 녹용·당귀·백작약 등 내 몸에 좋은 한약재로 달였다고 했다. 일반적으로 한약이 금방 효과가 나는 것은 아니라서 그런지 약을 복용해도 별다른 차도가 보이지 않았다.

그런데 그 한의사가 아들에게 '추나요법'을 하는 아는 분이 있는데 미국에 있다가 최근에 잠깐 나왔다며 관련 이야기를 해 주었다. 목을 잘 맞추면 이런 병은 단박에 낫는 수도 있다며 거기를 한 번 가 보면 어떻겠냐고 했다는 것이다.

나는 '추나'라는 것을 처음 들었고, '목을 쳐서 맞춘다'는 말에 겁이 났지만, 이것저것 따질 형편이 아니었다. 일단 알아보자며 남편이 먼저 약속하고 가서 상담을 받았다.

바태 원장은 내 증상을 찍은 동영상을 자세히 보고는 이런 의견을 내놓았다고 했다.

"우선, 직접 환자를 봐야겠지만 척추 교정 등의 방법으로 접근할 문제는 아닌 것 같다. 또 오른쪽 목이 더 심하게 떨리는 것으로 보아, 뇌의 구조 기능과는 별개로 긴장이나 불안 또는 집념이 강해서 나오는 '심리적'인 문제로 보인다. 여기에 대한 처방으로 목 떨림 운동에는 긴장을 '이완'시키는 방법과 함께 몸의 자생적 힘을 '강화'시키는 방법을 환자의 상태와 필요에 맞게 이른바 '맞춤형'으로 제공할 수 있다.

긴장을 이완시키는 가장 좋은 방법은 호흡인데, 여러 호흡법이 있지만 호흡을 배우는 것이 쉬운 것은 아니다. 하지만 이것만 잘해도 상당한 정도 환자의 상태가 개선된다. 그래서 호흡을 포함한 맞춤형 접근 방법을 일주일에 3일 정도 하고, 반드시 이것을 집에서 반복해서 해야 한다.

환자 가족의 심정이 어떻든 간에, 중요한 것은 환자의 마음이고 환자가 자연스럽게 몸의 균형을 따라 할 수 있겠다고 느끼는 것을 하는 것이다. 이것을 배워야 한다. 즉 '이완'과 '강화'의 신체 동작 방법을 몸으로 익혀야 한다. 또 마사지는 이완에 좋은 방법이다. 그러나 이것만으로는 '강화'의 효과가 나오지 않는다.

가장 중요한 것은 환자의 '마음'이다. 평온한 것처럼 보인다 해도 마음 안에는 여러 복선이 흐른다. 환자가 불안이나 우울, 자포자기 같은 심정에 빠지지 않도록 항상 긍정적인 자세로 환자의 마음을 돕고 격려해야 한다."

남편은 이러한 상담 내용과 내 상태, 그리고 앞으로 어떻게 해 나갈 것인지를 정리해 가족들에게 메일을 보냈다.

7월 23일 남편과 아들과 함께 그곳을 찾아갔다. 그곳이 나를 살려줄 동아줄이 되리라고는 전혀 예상하지 못했다. 남부터미널 부근의 '바태 스튜디오'라고 하는 곳인데 트레이너인 여성분이 대표로 등록해서 하고 있고, 원장은 그분의 스승으로 미국에서 40년간 이 일을 하다가 귀국했다고 했다. 두 사람은 함께 《바르게 앉고 서고 걷기》라는 책도 썼고, 추나만이 아니라 '속근육' 소위 '코어근육'을 다스리는 전문가라고 했다.

바태 BATAE는 균형 Balance, 인지 Awareness, 신뢰 Trust, 태도 Attitude, 능률 Efficiency의 약자로, "약화된 근육을 강화하고 긴장된 근육을 풀어주어 균형을 회복시키고, 올바르게 정렬된 관절의 유연성을 유지시켜 이상적인 자세를 견지할 수 있도록 하는 체형 교정 운동프로그램"이라고 했다.

원장은 목, 등, 다리 부분이 따로 움직일 수 있도록 고안된 침대 같은 장비에 나보고 누우라고 하고 내 목을 만져 보았다. 몸이 심하게 떨려서 혹시라도 떨어질까 봐 장비 위에 눕는 것을 불안해하니까 바닥에 매트를 깔고 거기에 눕히고 목을 만져 보았다.

그런데 목과 등 근육이 너무 단단하게 뭉쳐 있어서 손이 전혀 들어가지 않아 어떻게 할 수가 없다고 했다. 대신에 호흡으로 해보자고 했다.

숨을 쉴 때 들숨은 쉬지 말고 날숨만 쉬라고 했다. 그러면 들숨은 자연스레 쉬어진다고 하면서. 또한 "아~~." 하고 소리를 내보라고 했다. 소리를 내는 것이 날숨을 쉬는 것과 비슷하다고 했다. 그래서 "아~~." 하면서 천천히 걸어 다니는 걸 하다가 왔다.

날숨만 쉬거나 소리를 내면서 걷게 되면 목이 더 마르기 쉬우므로 자주 물을 마셔야 한다고 했다. 트레이너 선생은 내가 누워 있는 동안 내 팔을 돌려 주기도 하고 뒤에서 나를 안아 편안하게 앉히기도 했다.

사실 어떤 환자든 뭔가 처음 접하는 약이나 치료 방법에 큰 기대를 하는 법이다. 바태에서는 특별할 것 없어 보이는 호흡만 10분여

하면서 슬슬 왔다 갔다 했다. 이렇게 맥없이 걷다가 끝나니 조금 싱거운 느낌이 들었다.

나는 속으로 '아니, 수십 년에 걸쳐 쌓인 병을 하루 이틀에 고치겠다는 건 욕심이지, 욕심이야. 그러니 일단 열심히 해야지.' 하면서 자신을 달랬다.

속근육이 단단히 뭉쳐 있었던 이유

둘째 날도 역시 바닥에 매트를 깔고 내 오른쪽 배 아래쪽에 손을 대고 누르기 시작했다. 그곳에 '속근육', '코어근육'이 있는 곳인데 내가 워낙 겉근육만 쓰고 속근육 운동을 안 해서 속근육이 긴장하여 이런 현상이 나타난다는 것이었다. 대개는 그곳을 누르면 긴장이 쌓인 사람은 아프다고 소리친다는데 나는 그렇게 큰 느낌은 없었다. 그래도 배 오른쪽을 여기저기 누르다 보면 나의 배 어디엔가 끈 같은 것이 느껴지고 그걸 잡고 가만히 있으면 떨림이 줄어드는 느낌이 들었다.

원장이 나의 배를 누르는 동안 트레이너 선생은 누워 있는 나의 오른팔 왼팔을 번갈아 돌리는데 그러면 훨씬 편안하고 느낌이 좋았다. 배를 누르고 나서 목 뒤를 이리저리 만지더니 다행히 목에 손이 들어갔는지 '단두대'라고 부르는 추나 기계에 누우라고 했다. '탁' 소리가 나도 놀라지 말라고 미리 알려준 뒤에 나더러 "아~~." 하고 입을 벌리고 아래턱을 내밀라고 하고는 내 이마를 짚고 '탁' 하고 기계를 움직였다. 목이 조금 움직였다고 했다. 이런저런 조치를 하면서 30분 정도 소요했다.

중요한 것은 집에서도 호흡으로 긴장을 이완하는 연습을 많이 하라는 지침이었다. 나도 생각날 때마다 한다고는 했지만 쉽지 않았다. 목 근육이 떨리고 경직될 때는 호흡의 리듬이 깨져 숨이 막히고, 그게 다시 또 목 근육을 긴장시키고는 했다. 왜 숨쉬는 법부터 다시 배워야 한다고 했는지 조금 이해가 될 것 같았다. 제대로 숨쉬는 게 절대로 쉽지 않았다.

바태에서는 며칠간 매일 오라고 했다. 계속 기본적인 상태들을 확인하면서 고칠 수 있는 건지 없는 건지 봐야 한다고 했다.

그래서 처음 일주일은 매일 다니고 그 후에는 일주일에 3일씩 다니게 되었다. 점차 시간이 지나서는 일주일에 이틀씩 다니게 되었다.

8월 초에 가서는 원장이 몸의 여기저기를 눌러 보면서 반응을 물었는데 뭔가 통증이 느껴졌다. 원장은 아직 내뱉는 호흡은 잘 안 되지만 막힌 데가 조금 뚫리는 것 같다고 했다. 배의 코어근육을 누를 때 이전에 비해 통증을 느끼는 것은 좋은 신호라는 것이다. 나는 사실 그런 칭찬을 들을 때마다 살짝 흥분이 됐다. 희망의 문이 조금씩 더 열리는 것 같은 느낌이 들었다.

바태 스튜디오에 갈 때는 남편이나 딸이 동행했고, 10월 초부터는 은영 씨, 요양보호사와 같이 갔다. 그곳에서 시키는 운동을 열심히 따라 하고 가족이나 요양보호사는 눈여겨보고 있다가 그대로 똑같이 하려고 노력했다.

바태 스튜디오에 다니던 어느 날 왼쪽 팔꿈치에 불룩한 혹 같은 것이 생겼다. 노젓기 같은 팔 돌리기 운동을 얼마나 열심히 했는지 뭐가 생기는지도 몰랐던 것이다. 몰랑몰랑하게 만져지는 것이 아프지는 않은데 점점 더 커졌다. 걱정되어 동네 병원에 갔더니 초음파 사진을 찍으라고 했다. 진단에 확신이 안 들었는지 의사가 자기는 이쪽 전문이 아니니 정형외과에 가 보라고 했다. 그래서 초음파 사진 파일을 가지고 정형외과에 찾아갔다.

정형외과 의사는 팔꿈치에 물이 찬 것으로 물을 빼낼 수도 있지만, 그냥 두어도 별문제가 없을 테니 그냥 가라고 했다. 나중에 보니 물혹이 저절로 없어졌다.

사람은 아프다 보면 바늘도 몽둥이처럼 보이는 걱정의 포로가 되는 모양이다. 어쨌거나 다행이었다.

목과 등 떨림이 나아진 데는 약도 약이지만, 바태 스튜디오의 도움이 제일 큰 것 같다. 2019년 7월 23일 처음 간 후 2020년 2월 코로나19 바이러스가 급증해서 못 다니게 되었을 때까지 거의 7개월 동안 꾸준히 다녔다. 우연히 알게 된 곳인데 큰 도움이 되었다. 정말 나를 살린 곳이라고도 할 수 있다.

그곳에서는 나의 증세와 비슷한 환자를 여러 명 치료한 적이 있다고 했다. 보통 다른 사람들은 왼쪽 아랫배 쪽의 속근육이 긴장해 있는데 나는 오른쪽 아랫배 쪽 속근육이 긴장해 있다고 한다. 원장 말로는 왼쪽이 아프면 인간관계에서 오는 스트레스 때문이고 오른쪽이 아프면 일에서 오는 스트레스라고 할 수 있는데, 오른쪽이 아픈 사람은 많이 못 봤다고 했다. 그러니까 나는 일로 인한 스트레스가 많았다는 것이다. 전범석 교수가 병의 원인을 스트레스 때문이라고 하면서 평생 교수를 했는데 그것이 최근에 와서 더 스트레스를 줬을 것 같지는 않은데 이상하다고 말했던 것이 떠올랐다.

내가 내성적인 성향이라 힘든 것을 다른 사람에게 쉽게 말하지 않고 혼자서 참는 편이었는데 그것이 스트레스로 작용하지 않았을까 하는 생각이 들었다. 늘상 내가 참고 말지 싶었고, 다른 사람들을 불편하게 할까 봐 조심했다. 어쩌면 어린 시절 '착한 아이'가 되어야 한다는 강박이 어른이 되어서 참을 수 있는 한 참아내는 습관을 만들었는지도 모르겠다.

걷기도 다시! 고맙다, 다리야

> "내내 날 데리고 나갔으면 하고 틈을 보고 있던 남편이
> 이렇게 누워 있으면 근육이 약해지고 나중에는 기력이 떨어져서
> 큰일 난다며 같이 걷자고 했다."

걷기를 재촉한 고사리 손길 응원단

내가 속근육에 통증 감각을 느끼기 시작하자 뱉기 호흡과 함께 다음 단계의 운동으로 들어갔다. 바태 원장은 내가 항상 누워만 있으면 앉기도 힘들어지고 서지도 못하게 될 거라며 엄중하게 주의를 줬다. 그러면서 처음으로 긴장·이완 운동을 시작했다.

바태 스튜디오 천장에는 사각 철봉이 듬성듬성 고정되어 있고 거기에 TRX라는 운동기구가 설치되어 있었다. 8월 7일에는 목과 어깨의 긴장이 풀릴 수 있다면서 TRX를 두 손으로 붙잡고 앞으로 숙여 보라고 했다. 트레이너 선생의 도움을 받아 시키는 대로 하니 꽤 도움이 되는 것 같았다.

사실 이런 근육 운동은 항상 남편이 걱정하며 나한테 해야 한다고 강조했던 것이기도 했다.

"의사가 처방한 약을 먹는 것은 전형적인 환자의 역할이다. 그러나 그 약을 먹고 계속 누워 있게 되면, 결국 환자는 영원히 환자의 상태에 머무를 것이다. 비자발적 근육 운동으로 체중은 빠지지만 동시에 근육도 줄어들어, 설 수도 없게 되면 일상생활은 어려워진다. 이런 상태가 지속되는 것은 정말 불안한 일이다. 한 번이라도 사소한 실수로 넘어지기라도 하는 날이면 어떤 사태가 벌어질지, 아찔한 일이다.

그런데도 당신은 누워 있으려고만 한다. 당장 그것이 그나마 편하기 때문이다. 밖에 나가 강제된 상황이 되면 자신을 무난히 관리한다. 그런 적응의 의지는 매우 강하다. 그러나 집에 오면 당장 편한 것에 안주한다. 이것을 어떻게 넘을 수 있는가? 이것이 큰 과제다."

바태 스튜디오에서 TRX를 빌려주면서 집에 가서 해보라고 했다. 남편은 집에 와서 운동 도구를 침실과 서재 사이의 공간에서 사용할 수 있도록 걸어 주었다. 문을 닫으면 고정될 수 있어서 바태에서 배운 동작을 연습해 보았다. 남편은 즉시 딸에게 TRX를 주문하자고 했다.

그러나 집에서는 아무래도 자세가 제대로 되지 않았다. TRX를 제대로 걷기 위해서는 집에도 천장에 철봉을 그물처럼 설치해야 했다. 얼마 후 그런 일을 잘하는 김 기사가 자재들을 사 와서 안방에 설치하고, 철봉 여기저기에 스포츠용 라텍스밴드를 매단 뒤 끝에 손잡이를 연결해 놓았다.

곧 침실이 바태 연습장같이 변했다. 집에서도 손과 발로 할 수 있는 운동의 가능성이 열린 것이다. 또 스튜디오에서처럼 철봉에 고정할 수는 없어도 손잡이에 손목과 발목을 걸고 누워 있으면 손발을 허공에 매달아 놓아서 그런지 훨씬 편하게 누워 있을 수 있었다.

나는 남편한테 크게 내색은 하지 않았지만 점점 기분이 업up 되는 걸 느끼며 운동도 열심히 해야겠다는 의지가 샘솟는 것 같았다. 이것은 아마도 나의 '모범생증후군'이 발동된 게 아닐까 싶다. 뭐든지 잘해야 하고, 열심히 해야 하고, 완벽하게 해내려고 했던 나의 고질병쯤 될 것이다.

날씨가 워낙 더워서인지 몸에 기운이 점점 떨어졌다. 바태 스튜디오에 다니는 것 외에는 안방에서 하루 종일 에어컨을 틀어 놓고 철봉에 매단 고무줄에 팔다리를 걸고 누워만 있었다. 그럴 때 손주들이라도 오면 암담하고 우울했던 마음이 바람처럼 사라졌다.

"와, 할머니 방에 그네 있다!"

"그래, 이거 이상한 거다. 재밌겠다."

손주들은 처음 방에 설치된 낯선 장치들을 보고 놀이터를 떠올렸던 모양이다. 곧 내 치료를 돕는 기구라는 것을 알고는 나의 철봉 운동을 제 딴에 힘껏 거들기도 했다. 고사리 같은 손으로 내 팔다리를 두드려 주고 주무르기도 하면서 마사지해 주었다.

아들과 명상할 때도 손주들이 따라와 같이 누워서 명상을 하기도 했다. 손주들은 침대 위에 눕고, 아들과 나는 방바닥 매트 위에 누웠다. 내 방에 워낙 에어컨을 세게 틀어 놓아서 손주들은 춥다며 침대 이불 속에 들어가 짐짓 명상을 따라하는 듯 하더니 그대로 잠에 빠지기도 했다.

명상하다 가만히 눈을 떠보면 손주들은 가만히 있지 못하고 이리 저리 뒤척이기도 하고, 거꾸로 누워서 나를 내려다보기도 했다. 어쩌다 눈을 마주치면 까르르 웃어 주었다. 그러면 기분이 훨씬 좋아졌다.

아이들이 아픈 할머니와 놀아 주는 것이 어디 재미만 있었을까. 아마도 가끔은 컴퓨터 게임을 하게 해 주겠다는 엄마와의 '딜'도 있었을 게다. 아이들은 으레 그럴 때고 그런 아이들이 나를 행복하게 하는 일등공신이었던 것을 어쩌랴.

그렇게 나는 힘든 여름을 견뎌냈다.

걸어 나가 바람을 만났다

8월 2일 긴급으로 남편이 박정이 교수를 만나러 갔을 때만 해도 나는 일상생활이 매우 힘든 상태였다. 에어컨을 켜놓아도 더웠고, 땀을 많이 흘렸다. 항상 누워 있었고 밤에는 잠을 제대로 자지 못했다. 그러나 바태 스튜디오를 다니기 시작하면서부터 상황이 조금씩 호전되는 것을 느낄 수 있었고, 가족들의 도움을 받아 산보도 하기 시작했다. 그래도 '침대생활자'를 쉽게 벗어나지 못했다.

8월 19일쯤 되었을까? 내내 날 데리고 밖에 나가고 싶어 내 상태를 살피던 남편이 이렇게 누워 있으면 근육이 약해지고 나중에는 기력이 떨어져서 큰일 난다며 같이 걷자고 했다. 그러면서 내 두 손을 거의 받들다시피 하고 걷기 시작했다. 이제 산보할 수 있게 되었으니 그것만 해도 얼마나 다행인가 싶었다.

산책은 처음에는 아파트 단지 내에서만 했다. 우리 아파트 동은 같은 단지 내 다른 아파트보다 약간 지대가 높은 곳에 있어 집에서 나오면 자그맣고 동그란 앞뜰정원이 있다. 정원에는 갖가지 기암괴석 사이사이에 매화나무, 복숭아나무 등 유실수와 백합, 원추리, 쑥부쟁이, 억새 등 여러해살이풀들이 심겨져 있어 사시사철 아름다운 꽃이 피었다.

이곳을 지나가면 단풍나무가 우거진 오솔길이 나오는데 나는 이 길을 무척 좋아했다. 봄에는 미스김라일락이 피어 향기가 그윽했고,

3부 모든 것을 다시 배우다 209

단풍이 물들 때는 빨강 노랑 초록 등의 색깔이 섞여 더할 나위 없이 화려했다. 거기에서 나무 계단을 통해 아래로 내려가게 되어 있는데 그 갈라지는 길이 바람이 잘 통해 무척 시원했다. 남편과 나는 주로 밤에 나갔는데 밤이라서 더 시원했는지도 모른다.

"아, 시원해."

"어때, 시원하지?"

"응, 살 것 같아."

나는 되는 대로 가능한 두 팔을 벌리고 시원한 바람을 실컷 마셨다. 매일 더워서 허덕거리는데 거기만 가면 시원해서 살 것 같았다. 그 시원한 바람이 내 마음속 짙은 우울을 날려버리고 건강해지고 싶다는 생각을 더욱 북돋웠는지도 모른다. 그냥 침대에 붙어버리고 싶을 정도로 몸을 무겁게 느끼다가도 그 '맛있는 바람'이 생각나면 힘을 내 일어났으니까 말이다.

나무 계단을 내려가서 쭉 가면 양쪽으로 분수가 나오는 연못이 두 개 있는데 그 가운데에 지붕이 구름 모양으로 되어 있는 카페가 있었다. 바깥에 둥그런 테이블과 의자들이 놓여 있고, 위에는 햇빛을 막아 주는 빨간 파라솔이 펼쳐 있었다. 연못에는 분수가 시원하게 물을 뿜어 내는 이국적인 분위기가 나는 곳이었다. 분위기가 좋아서인지 늘 사람들로 붐볐다.

연못을 지나서 오른쪽으로 꺾으면 꼬불꼬불한 작은 길과 둥그런 작은 다리가 나왔다. 다리를 건너 왼쪽으로 가면 커다란 잔디밭이 나오고 거기에 이 아파트 단지의 지킴이에 해당하는 커다란 느티나무가 서 있었다. 10여 년 전에 이 아파트를 지을 때 심은 나무인데 이식 후 죽을 고비를 넘기며 간신히 살아났다고 한다. 넓은 잔디밭에는 멋지게 생긴 넓적한 큰 바위가 세 개 놓여 있었다. 물 없이 모래와 바위만으로 단든 교토의 료안지 정원의 한쪽과 비슷한 느낌이었다. 모래 대신에 녹색 잔디가 있다는 것이 달랐다.

거기에서 오른쪽으로 꺾으면 축소해서 만든 진경산수 금강산 만물상이 나온다. 작지만 뾰족한 바위산과 폭포, 소나무 등이 어우러져 북한에 있는 금강산의 느낌을 잘 살려낸 곳이다. 다시 직진하여 오른쪽으로 꺾어 길을 건너가면 한 층을 더 올라가는 길이 나오는데 계단이 아니고 비스듬히 경사지게 올라가는 길이다. 이 경사지를 올라가는 것이 너무 힘들어서 올라가기 전에 준비 운동을 하고, 큰 숨을 쉬며 마음을 단단히 한 후에 올라가곤 했다.

경사지를 다 올라가면 큰 산 하나 올라간 것처럼 숨이 가빠졌다. 하지만 그만큼 큰일을 해낸 것처럼 기쁘기도 했다. 거기에서 오솔길로 들어서서 조금 가면 최종 목적지인 분수대가 나온다.

남편은 가져온 긴 수건을 분수대 석대에 깔고 나를 눕힌 후 팔 돌리기, 팔 들어올리기 등의 운동을 시켰다. 남편은 낮에도 나를 데리고 나갔지만, 주로 밤에 데리고 나갔다. 9월 20일 은영 씨가 간병해 주러 오기 전까지 거의 한 달 이상을 남편이 나를 데리고 산책했다.

남편과 매일 밤에 나와서 걷기 운동하고 분수대 석대에 누워 있으면서 하늘의 달과 별을 쳐다봤다. 정월 대보름 때나 되어야 소원 빌려고 보던 달을 이제는 매일 보게 되었다.

그런데 유독 보름달이 빨리 다가오는 것 같았다. 며칠 전에 보름이었던 것 같은데 조금만 더 있으면 또 보름달이 떴다. 시간이 빨리 가는 것인지, 내가 매일 밤 달을 쳐다봐서 그런지 이상하게 지난달 보름달이 기억에서 사라지기도 전에 새 보름달이 나타났다.

문득 내가 이 보름달을 몇 번이나 보면 다 나을 수 있을까 하는 생각이 들었다. 보통 때는 관심도 없던 달을 아프니까 쳐다보게 되었다.

도전하시겠습니까, 근육강화 운동

"내가 저기까지 걸을 수 있을까?"
"그럼, 충분해. 천천히 가 보자고."

걷기라는 보약을 먹어 두었더니

사실 단지 안에서 하는 산책만으로도 땀이 뻘뻘 나고 힘이 들었다. 중간에 쉬다 걷다 하면서 돌아도 기진맥진했다. 하지만 꾸준한 산책은 나도 모르게 힘을 키워 주고 있었다.

한 달여 동안에는 아파트 단지 내에서만 걷다가 조금씩 멀리까지 걷기 시작했다. 상체 부분의 목·어깨·팔·손·등은 떨리고 아프고 마비되었지만, 다리는 괜찮았다. 손을 잡아 주기만 하면 걷는 건 문제없었다.

생각해 보면 젊어서부터 운동은 꾸준히 해 왔다. 20대 시절인 미국 유학 때 여름이면 거의 매일 저녁에 테니스를 쳤다. 그 덕분에 귀

3부 모든 것을 다시 배우다 213

국해서 스트레스를 많이 받았던 교수 생활 초기 시절의 십여 년을 별 탈 없이 잘 지낼 수 있었다. 그 후엔 주말이나 여유가 있을 때 주변의 야트막한 산에 오르며 좋은 공기도 마시고 산책을 하고는 했다.

유럽연합 프로젝트로 액상프로방스에 가서 지낼 때도 운동을 계속했다. 우연히 생트빅투아르산으로 가는 길에 발견한 카르카손 스타디움이라는 종합운동장을 이용할 수 있었다. 옆에는 넓은 잔디밭과 제법 큰 강이 있는 커다란 공원도 있어서 입지가 아주 좋은 곳이었다. 커다란 실내외 수영장이 있고 몇 개의 일반 축구장과 미식 축구장, 농구장, 탁구장 등 다양한 체육 시설이 있었다. 잔디가 깔린 멋진 운동장은 단체가 예약해야만 사용할 수 있는 곳인 듯해서 우리는 흙으로 된 작은 운동장을 사용했다.

나이 들어 무릎에 무리를 주면 안 된다는 이야기를 들어서 처음에는 걷기만 했는데 주위를 둘러보니 걷는 사람은 나뿐이었다. 나이 든 사람들도 모두 달리기를 하고 있었다. 그래서 나도 보폭을 좁게 해서 가볍게 달리기 운동을 시작했다.

그곳은 큰 나무가 한 군데밖에 없어 땡볕을 피하기 어렵다 보니 아무리 가볍게 뛰어도 땀을 뻘뻘 흘렸다. 방향을 바꿀 때 가끔씩 부는 프로방스의 '미스트랄'이라는 시원한 바람이 땀을 식혀 주곤 했다.

뛰고 나서 몸풀기 체조를 하고 운동장 주변 잔디밭에 잠시 누워 있으면 천국에 온 것처럼 시원하고 행복했다. 시내에서 좀 걸어가야 하는 위치였는데도 운동 후의 시원하고 개운한 느낌이 좋아 운동장에 가서 뛰고 또 뛰고 했던 것 같다. 이렇게 지중해 지방의 강렬한 햇볕을 받으면서 많이 걷고 뛰고 했던 것이 건강에 큰 도움이 되었다.

전에 살던 방배동 아파트는 바로 뒤에 우면산이 있어서 시간이 날 때마다 산에 올랐다. 큰길에서 멀지 않았지만, 깊은 산에 들어온 듯 경치가 좋아 속세를 벗어난 느낌이 들었다. 우면산에는 길이 세 군데 나 있었는데 가장 높은 길, 중간 길, 낮은 길이다. 그때는 세 길 모두 다닐 수 있었지만, 지금은 힘들 거라는 생각이 든다. 지금 사는 아파트는 근처에 탄포천도 있고 종합운동장도 있는데 모두 평탄한 길이어서 걷기에 좋다. 덕분에 아프기 전 최근까지도 평소에 걷기 운동을 틈틈이 할 수 있었다.

다리가 튼튼한 덕분에 산책하는 데는 큰 문제가 없었다. 정말 내 다리에 고마운 마음이었다. 손만 잘 잡아 주면 되었는데 팔이 역기처럼 무거운 것이 문제였다. 시간이 좀 지나면서부터 아파트 안에서 밖으로 산책 범위를 넓혀 백여 미터 되는 길로도 산책을 나갔다.
"내가 저기까지 걸을 수 있을까?"
"그럼, 충분해. 천천히 가 보자고."
마음속으로는 얼마든지 가능할 것 같았지만, 막상 첫발을 내딛는 것은 약간 용기가 필요했다. 중간에 주저앉기라도 하면 오도 가도 못하게 되는 곤란함이 생길 것 같았다. 남편은 괜찮다며 손을 잡고 이끌었다.

그 길은 키 큰 메타세쿼이아가 양쪽에 일자로 멋지게 늘어서 있어서 내 마음대로 '메타세쿼이아길'이라고 이름 붙여 주었다. 중간에 약간의 오르막이 있지만, 대체로 평평해서 걷기 좋았다.

경치가 좋아서 낮에도 좋았고, 어두워지면 가로등을 대낮같이 환하게 켜놓아서 밤에도 걷기 좋았다. 처음에는 야트막한 그 오르막을 오르는 것이 너무나 힘들었다. 그러나 시간이 지나면서 점차 나아졌다.

남편이 없을 때는 요양보호사와 은영 씨와도 산책을 나갔다. 산책하는 동안 동행하는 사람은 반드시 내 두 손을 잡고 산책했다. 그러지 않으면 걸을 수가 없었다. 산책 도중에 팔 돌리기, 어깨 근육 이완을 위해 앉아서 팔 당기기 운동 등을 하고, 물통은 꼭 갖고 다니며 수시로 물을 많이 마셨다.

새로운 운동, 새로운 걷기 방법 배우기

바태 스튜디오에는 갈 때마다 정해진 순서에 따라 속근육을 풀고 노젓기 운동을 시켰고, 나는 열심히 잘 따라 했다. 꾸준한 연습 덕분인지 조금 나아지자 하나씩 다른 운동을 시켰다.

하루는 한 사람이 내 손을 잡은 상태에서 내가 앉았다 일어나는 동작을 하는 운동을 배웠다. 일종의 스쿼트 비슷한 운동인데 처음엔 너무 힘들었다. 팔과 어깨가 자연스럽게 펴지지 않고 힘을 줄 수 없다 보니 허리도 아프고 다리가 부들부들 떨리는 것 같았다. 동작이 잘 안 되니까 천장에 설치한 TRX 밴드에 달린 줄을 잡고 그걸 당기면서 어깨에 뭉친 근육을 이완하는 운동을 시켰다. 그것조차도 누가 잡아 주면 하겠는데 혼자서는 하기 어려웠다. TRX를 집에 설치해서 집에서도 운동을 했다. 그래도 잘 되지 않았다.

다음으로는 벽에 붙어 서서 팔을 위로 올려 몸을 벽에 바짝 붙였다 뗐다 하는 운동을 했다. 그렇게 하면 어깨에 뭉친 근육이 풀어진다고 했다. 집에서도 하라고 해서 열심히 해본다고는 했어도 바태에서만큼은 하기 어려웠다. 가끔 엘리베이터 안에 다른 사람이 없을 때 모서리를 향해 서서 양팔로 벽을 짚고 몸을 앞뒤로 밀었다 당겼다 하는 동작을 한 적도 있었다.

그렇게 틈틈이 시도했지만, 처음에는 몸이 움직여지지 않았다. 그만큼 어깨가 단단하게 뭉쳤다는 뜻이다. 시간이 지나면서 조금씩 앞뒤로 밀었다 당겼다가 되기 시작했고 어깨도 좀 풀어지는 것 같았다.

이런저런 운동들을 배우다가 나중에는 걷기 운동을 배웠다. 약간 앞으로 쏟아지는 자세로 서서 뒤에서 밀면 그 자세로 걸어가는 동

작이었다. 원장 말로는 내가 다섯 걸음만 가면 자세가 흐트러진다
고 했다. 열심히 하라는 대로 하는데도 쉽지 않았다. 내가 걷는 모
습은 오른쪽 어깨가 약간 올라가고 팔의 움직임도 자연스럽지 않고
어색하다고 했다.

"모든 것을 처음부터 다시 배워야 한다."는 전범석 교수의 말이 또
다시 떠올랐다. 정말 호흡하는 것부터 걷는 것까지 모든 것을 새로
배워야 했다.

2020년 2월부터 코로나가 창궐하면서 바태에 가지 못하게 되었을
때까지 다른 운동과 함께 걷기를 열심히 배웠지만, 그때까지도 제대
로 걷지 못한다는 말을 들었다.

앉지를 못해서 산 안락의자

"두 달 정도는 사 놓고도 별로 쓰지 않았는데 어느 날
젖히고 앉아 있다가 나도 모르게 잠들어 두 시간쯤 곤히 잤다.
그러고 나니 그 의자가 조금씩 편해지기 시작했다."

바닥 탈출, 의자생활자의 시작

9월 17일 박정이 교수 진료를 받으러 일산에 갔다가 돌아오는 길에 보니 가구점들이 많이 있었다. 그동안 내가 앉지를 못하니까 어떻게 하면 편한 의자를 구해서 앉게 할 수 있을까가 과제였다. 그래서 이왕 온 김에 앉을 수 있는 안락의자를 찾아보기로 했다.

평소에 관심을 두던 게 아닌 만큼 어떤 브랜드가 있는지, 무슨 의자를 사야 좋을지 전혀 감이 없었다. 어디를 들어갈까 하다가 좀 오래되어 보이는 가구점에 들어갔다. 주인에게 사정을 설명하고 어떤 의자가 좋은지 물어보았다. 그는 아래층 위층을 다 보여 주면서 이런저런 의자를 소개해 주었다. 여러 의자에 앉아 보다가 그중 뒤로 젖혀지는 제일 편안한 감을 주는 의자를 골랐다. 그것이 1인용 안락의자였다.

며칠 후 의자가 집에 도착해서 안방에 설치했다. 나를 위해 새로 산 작은 텔레비전을 편하게 볼 수 있는 위치에 의자를 놓았다. 안락 의자에 앉으니 좀 나은 것 같기도 했다. 그래도 누운 것만은 못해서 앉기보다 주로 누워 있었다.

두 달 정도는 사 놓고도 별로 쓰지 않았는데 어느 날 앉아 있다가 나도 모르게 잠들어 두 시간쯤 곤히 잤다. 그러고 나니 의자가 편해 지기 시작했다. 알게 모르게 몸이 좋아졌다는 뜻이다. 그 후부터 주 로 안락의자에 앉아서 텔레비전도 보고, 쉬기도 했다. 마침내 바닥 에 누워 있던 상태에서 벗어나게 된 것이다.

안락의자 덕분에 뜻밖의 일도 생겼다. 매일 밤 세족을 하게 된 것 이다. 남편이 쉽게 잠들지 못하는 나를 안락의자에 앉혀 놓고 따뜻 한 물로 발을 씻겨 주었다. 그러고 나면 훨씬 잘 잘 수 있었다. 남편 은 이 일을 하루이틀이 아니고 남편이 몸이 아파서 못하게 될 때까 지 거의 2년 이상을 매일 밤마다 했다. 내가 아프게 된 후 나를 위 해서라면 무엇이든 하겠다고 결심한 남편이었다. 아무리 사양해도 한사코 세족을 해 주었다. 예수님도 한 번밖에 하지 않은 세족을….

남편은 큰 대야에 따뜻한 물을 담아 내 발을 담그고, 전기 포트에 물을 끓여 와 옆에 놓은 후 바닥에 앉아 몸을 굽히고 내 발을 씻겼다. 물이 식으면 전기 포트의 뜨거운 물을 더 붓고, 더 붓고를 반복하면서.

바닥에서 몸을 굽히고 내 발을 씻는 남편에게 너무 미안해서 제발 하지 말라고 말렸지만, 남편은 절대 양보하지 않았다. 나를 여왕으로 모시기로 단단히 작정한 사람처럼 뜻을 굽히지 않았다. 나는 기분이 좋으면서도 마음이 불편해서 매일 밤 남편과 옥신각신했다. 그렇지만 남편 덕분에 나는 더 편안하게 잠들 수 있게 되었다.

하루는 아들이 안마 침대인 '세라젬'을 사 왔다. 피로 회복에 도움이 될 것 같다고 하면서 사 온 것이다.

처음에는 어떻게 사용해야 하는지 잘 몰라서 쓰지 못했는데 나중에 서비스하는 분이 와서 사용 방법을 찬찬히 알려 주었다. 온도와 강도를 조절할 수 있으며, 감기 기운 있을 때, 소화가 안 될 때, 허리가 아플 때 등 필요에 따라 다른 기능을 사용할 수 있다는 걸 알게 되었다. 이후에는 훨씬 더 자주 사용하게 되었다. 매트 아래서 구슬이 왔다 갔다 하면서 마사지해 주는 기능에서 온도를 좀 올리면 등이 따뜻해져서 좋았다. 나는 면역력 강화를 위한 기능을 주로 사용했다.

이미 아들이 사 준 안마 기능이 주력인 안마 의자가 있었지만, 발병 초기에 근육이 많이 떨릴 때는 사용할 수 없었다. 처음으로 앉았을 때, 근육이 몹시 긴장한 상태에서 안마 의자가 근육을 조이니까 너무 아팠다. 나는 비명을 지르며 안마 의자에서 튀어나왔다. 그 후 시간이 많이 지나고 나서야 안마 의자에서 안마를 받을 수 있었다.

세라젬은 누워서 하고 근육을 세게 조이지 않아서 좋았다. 그래서 남편은 안마 의자를, 나는 세라젬을 차지하고 편안하게 긴장을 풀 수 있었다. 안마 의자와 세라젬은 나름의 장점이 있었다. 안마 의자는 밥 먹고 배가 부를 때 앉아서 하면 딱이고, 세라젬은 배가 좀 꺼진 후에 하면 좋았다. 안마 의자는 마사지 강도가 세서 금세 시원해졌다. 세라젬은 조용한 음악이 흘러나와 기분을 안정시켜 주는 분위기에서 천천히 따뜻해지면서 등을 마사지해 주니 누워 있으면 잠이 저절로 왔다. 떨림이 좀 진정되고 나서는 둘 다 큰 도움이 되었고 백 퍼센트 만족했다.

며느리의 효심 담긴 한약

9월 말쯤이었다. 어느 날 며느리가 초등학교 동창 중에 약사가 있는데 한의학 공부도 했다며 혹시 도움이 될까 하여 집으로 데려왔다. 그는 천안에 살고 있었지만 나를 보러 일부러 서울까지 온 것이었다. 이것저것 자세히 물어보고 메모하더니 약을 지어 보냈다.

약을 받아 보니 우황청심환, 다당체 추출물, 신진정원액, 식물 추출물 과립제, 환약 등 다섯 가지였다. 우황청심환은 기운을 올려 주고 혈액을 보충해 주는 십전대보탕을 포함한 것이고, 다당체 추출물은 생명체의 메마름에서 오는 문제를 해결해 주는 천연 추출물이며, 신진정원액은 동의보감에서 말하는 마음이 호소하는 증상들을 개선시켜 준다고 했다. 환약은 직접적으로 마비, 뻣뻣함, 경련을 풀어 주는 것이라고 했다.

먹는 방법은 앞의 세 가지를 큰 컵에 섞어 넣은 후에 과립제를 뜨거운 물을 약간 넣어 녹여서 위의 큰 컵에 같이 섞어 준 후 10분 내지 30분쯤 기다렸다가 환약과 함께 마시면 됐다. 10분 내지 30분을 기다리는 이유는 과립제 속에 포함된 식이섬유, 천일염, 발효 유산균 등에 의해 천연 발효가 발생해 흡수율도 좋아지고 효과도 상승한다는 것이다.

9월 27일부터 먹기 시작했는데 다행히 이 약의 효과인지 손가락 마비가 조금씩 풀리기 시작했다.

이 약을 먹고 7~8개월 지난 후 2020년 5월 중순쯤 다시 천안의 약사에게서 연락이 왔다고 했다. 현재 증상을 말해 보라면서 메모해서 가져가더니 얼마 후에 새로운 약이 도착했다.

이번 약은 파란색 탕약, 빨간색 탕약, 동의환, 어거스트메드 옥타코사놀, 환약 등 5가지였다. 파란색 탕약은 인체의 기능을 개선하는 것으로 막힌 혈과 경락을 소통시켜 주는 데 좋고, 빨간색 탕약은 인체의 구조를 개선하여 피부, 근육, 혈관, 신경 등의 세포를 정상 세포로 다시 탈바꿈시켜 준다고 했다. 동의환은 마음을 편하게 하고 수면을 도와주고, 옥타코사놀은 근육의 힘을 키우고 지구력을 올려 준다고 했다. 환약은 처음에 먹었던 약하고 같은 것이었다.

약을 먹고 처음에는 설사가 나는 등 문제가 있었지만, 시간이 지나면서 설사도 없어지고 소변보는 횟수도 좀 줄어든 것 같은 효과가 있었다. 이 약은 4개월 정도 먹고 끊었다. 양의들이 한약 먹는 것을 좋아하지 않는 편이었고, 건강검진을 하면 특정 검사에서 수치가 높게 나오는 일이 있다고 했기 때문이다.

재미난 일도 있었다. 평소 건강하던 내가 갑자기 심하게 아프니까 아들 내외가 걱정이 컸었던 모양이다. 6월 하순 어느 날 구하기도 힘든 흰 단지 두 개를 들고 들어왔다.

"이게 뭐니? 꿀이야?"

"아니요, 어머니. 그런 게 있어요."

그러더니 안방과 서재에 하나씩 갖다 놓고는 단지에 소금을 반쯤 채우고 물을 부었다.

뭐 하는 거냐고 하니까 사실은 너무 걱정되어 어떤 사람에게 물어보니까 우리가 지금 사는 집, 특히 남편과 내가 안방과 서재로 쓰고 있는 방의 기가 좋지 않다면서 한번 이렇게 해보라고 했다는 것이다. 나는 황당한 비책은 차치하고 그게 깨지기라도 하면 방은 완전 소금물 바다가 될 거라는 생각에 웃음부터 터졌다. 그렇게 식구들과 함께 한바탕 웃었다.

224 근육이 마구 떨리는데 마음의 병이라니!

워낙 건강이 나빠지다 보니 하라는 것은 다 해볼 요량이었던 모양
이다. 효과 여부는 둘째 치고, 나를 걱정해 주는 그 마음이 무척 고
마웠다. 당시의 나는 그만큼 힘들고 절박했다.

간병인이라는 첫 번째 지원군

걷는 것도, 앉는 것도 모두 힘들었던 9월쯤이었다. 아무래도 보행
보조기를 하나 살 필요가 있었다.

김 기사가 구의동에 큰 의료기기 전문점이 있다며 거기에 가면 원
하는 걸 살 수 있을 거라고 했다. 보통 대형병원의 의료기기 판매점
에는 보행기가 흔히 한두 가지밖에 없다는 것이었다. 내가 쓰는 것인 만
큼 같이 가서 직접 고르는 게 좋겠다고 해서 몸은 힘들었지만 남편
과 함께 갔다.

이것저것 살펴보고 실내에서 쓰는 것과 실외에서 쓰는 것 두 가지
를 샀다. 실내에서 쓰는 것은 가장 간단하고 싼 것으로 사고, 집에 설
치한 철봉 그물에 매달 넓적한 운동용 고무줄 등도 골랐다.

막 계산하려고 할 때였다. 직원이 나보고 장기요양보험에 들었느
냐고 물었다. 나도 남편도 처음 듣는 얘기라, 그게 뭐냐고 되물었다.
직원은 나 같은 경우에는 해당될 거라며 신청서를 내주었다. 자기네
상점에서도 신청할 수 있다고 했다. 남편이 그 자리에서 신청서를 써
서 팩스로 보내고 왔다. 그리고는 잊어버렸다.

그러다 남편이 베이징에서 열리는 비판사회학 대회에 가게 되었다. 남편의 걱정이 이만저만 아니었다. 취소할 수도, 대체할 수도 없는 약속이어서 누군가가 나를 돌봐 줄 사람이 필요했다. 그래서 며느리가 잘 알고 나도 몇 번 본 적 있는 은영 씨를 불렀다. 은영 씨는 40대의 미혼 여성으로 체격이 호리호리해서 힘이 없어 보이기는 해도 마음씨는 고운 것 같았다. 남편은 출국하기 전에 자신이 했던 간병 역할을 미리 일러 주려고 최대한 애쓰는 것 같았다.

9월 말경부터 은영 씨가 출근했다. 출근하면 남편이나 딸이 해 줬던 것처럼 나의 얼굴을 닦고 로션을 발라 주었고, 샤워한 후엔 몸에 바디로션도 발라 주고 옷을 입혀 주고, 나를 눕혀 놓고 팔 돌리기 등 운동을 시켜 주었다. 밥 먹을 때는 보행기를 잡고 서 있는 나에게 밥을 떠먹여 주었다. 시간 맞춰 약도 먹여 주었다.

밖에 산보를 나갈 때는 배낭에 큰 수건과 물병을 가지고 나갔다. 산책한 후에 남편과 함께 가는 분수대에 가면 벤치에 수건을 깔고 나를 눕게 한 뒤 팔 돌리기 등 운동을 시켜 주었다. 이런 운동은 모두 바태 스튜디오에서 배운 것들이었다.

산보할 때는 두 손으로 내 두 손을 맞잡고 오른팔은 거의 들다시피 하면서 걸었다. 나와 마주보며 내 두 손을 잡고 걷기도 했고, 나란히 걸을 때는 자신의 오른손으로는 내 오른팔을, 자신의 왼손으로는 내 왼팔을 잡고 걸었다. 그때 내 오른팔이 역기처럼 무거웠다고 했다. 그러니 나를 잡고 산보하는 일이 몹시 힘들었을 것이었다. 그

래서 내가 "힘들지요?" 하고 물으면 "제가 힘들수록 어머님이 편해
지시잖아요." 하면서 괜찮다고 했다. 마음이 천사 같은 사람이었다.

7장

산책하면서 보이기 시작한 작은 세상

병이 낫는다는데 뭐가 부끄러워

"매일 오전과 오후에 누군가가 와서 함께 걷고 운동시켜 주고,
밥도 먹여 주고 하면서 생활에 리듬이 생기기 시작했다."

요양보호사 도시기 작전

의료기기 상점에서 팩스로 보냈던 장기요양인정 신청이 우여곡절 끝에 인정되어 노인장기요양보험 서비스를 받을 수 있게 됐다. 건강보험공단에서 장기요양 수급자가 되었으니 보호자가 와서 교육을 받으라는 연락이 왔다. 딸이 보호자로서 교육받고 인증서를 가지고 왔다. 그리고는 몇 군데 장기보험요양센터를 검색해서 그중 A급을 받은 한 센터에 연락했다.

며칠 후 센터장이 사회복지사와 요양보호사 후보를 데리고 집으로 찾아왔다. 그날도 나는 누워 있었고 은영 씨는 내 팔을 돌리면서 운동을 돕고 있었는데, 그 상태로 요양보호사 후보 면접을 보았다.

3부 모든 것을 다시 배우다 229

나는 매일 3시간의 요양보호사 도움을 받을 수 있었다. 도움을 더 받으려면 개인적으로 비용을 지불해야 했다. 그래서 은영 씨와 새 요양보호사의 시간을 이리저리 맞춰 보았다.

요양보호사는 주로 오전에, 은영 씨는 주로 오후에 오기로 했다.

요양보호사가 처음 오는 날, 다시 구의동 의료기기 센터에 가서 좋은 실내용 보행기를 사 왔다. 앞부분이 둥그렇고 푹신하게 되어 있어서 선 채로 앞으로 기대기 좋았고, 바퀴도 아주 부드럽게 굴러갔다. 좀 비싸기는 했는데 장기요양보험이 적용되어 15퍼센트의 가격으로 살 수 있었다.

이 보행기를 정말 요긴하게 잘 사용했다. 실내에서 이동할 때 훨씬 편하게 이동할 수 있었고, 힘도 덜 들었다. 식사할 때도 보행기에 기대서서 앞에 작은 상 같은 것을 놓으니 앉아서 식사하는 것보다 훨씬 더 편했다.

그런데 요양보호사가 이틀 일하더니 못 하겠다고 했다. 센터장에게도 그렇게 알렸다고 말했다. 내 팔을 들고 다니기도 힘들었을 테고, 같이 운동을 시키는 것도 부담이 되었던 것 같다. 나를 앉혀 놓고 앞에 서서 나를 앞뒤로 당겼다 놓았다 하는 스쿼트 같은 운동을 하다가 몇 번 내 손을 놓친 적이 있었다. 잘못하여 뒤로 자빠지면 뇌진탕이 될 수 있으니 손을 꼭 잡아 달라고 했는데 그것이 마음에 걸린 모양이었다. 요양보호사는 자신이 나이도 있고 힘이 달린다면서

이 일은 그만해야겠다고 했다. 물론 새로운 요양보호사가 올 때까지는 기다려 주기로 했다.

센터장이 새로운 요양보호사 후보를 데리고 왔다. 마침 그때도 누워 있는 나의 팔을 은영 씨가 돌려 주고 있었다. 이런 내 모습을 보고는 그냥 돌아가더니 며칠 후에 못 하겠다고 통보해 왔다.

그제야 나는 요양보호사들이 나를 기피한다는 것을 알게 되었다. 다음에 요양보호사 후보가 올 때는 누워 있지 말아야겠다고 생각하고 덜 아프게 보이도록 나름 단단히 준비했다.

요양보호사를 물색하는 데 센터장이 고생을 좀 한 것 같았다. 다행히 새로 찾은 요양보호사는 이후로 쭉 함께했다.

그러다 남편이 또 중국 창춘의 지린대학吉林大學에 출장을 가게 되었다. 가오칭하이高淸海라는 유명한 중국의 철학자를 기념하는 콘퍼런스가 있고, 그 대학에서 남편을 5년간 석좌교수로 모시기로 해서 일정을 취소할 수 없었다. 그런데다 옌볜대학延邊大學에서의 강의도 잡혀서 일정이 일주일이 넘었다. 자신의 부재 기간이 길어지자 남편의 걱정도 커진 것 같았다.

남편이 중국에 출장 간 동안은 저녁에 아들이 걷기 운동을 해 주었다. 아들은 키가 큰데 나는 작아서 아들이 내 오른팔을 받치고 걸으려면 자세가 삐딱하게 되고 엉거주춤한 상태가 됐다. 그렇게 일주일을 걷고 나더니 아들이 고관절이 아프다고 하면서 더 이상 함께 걷

기를 못 하겠다고 했다. 몹시 착한 아들인데 얼마나 아프면 그랬을
까 싶어 미안하기 짝이 없었다.

사실은 남편도 내 오른팔을 받치고 몇 달을 걸으면서 자신의 왼팔
이 완전히 고장 나 버렸다. 왼쪽 어깨가 너무 아파 팔을 올리지도, 뻗
지도 못했다. 나 때문에 가족들까지 아프게 됐다고 생각하니 미안해
서 어쩔 줄을 모르겠다. 내 오른팔이 얼마나 무거웠으면 모두들 그
렇게 아팠을까.

노래하고 춤추며 걷는 이상한 사람들

요양보호사와 은영 씨가 나를 돕는 데 필요한 급선무는 바태 스튜
디오에서 하는 운동법을 배우는 것이었다. 나에게 어떤 운동을 시키
는지 알고 배워야 집에서도 매일 그대로 따라 운동할 수 있기 때문
이다. 적어도 일주일에 한 번은 같이 가서 볼 필요가 있었다. 그래서
일주일에 한 번은 다 같이 바태 스튜디오에 갔다.

어깨와 팔의 긴장을 풀어 주는 팔 돌리기, 나는 앉고 요양보호사
는 서서 내 손을 잡고 나를 앞뒤로 당겼다 놓았다 하는 스쿼트 같은
목 및 어깨 근육 이완 운동, 어깨를 돌려 주는 운동, 바르게 걷기 운
동 등을 같이 배우게 되었다. 월, 화요일 종일과 수, 목, 금요일 오전
에는 요양보호사가 오고, 수, 목, 금요일 오후와 토요일에는 은영 씨
가 와서 돌봐 주었다. 밤에는 남편이 나를 데리고 나가서 아파트 단

지를 한 바퀴 돌고 분수대 난간에 누워서 내 팔을 돌리고 당기고 하는 운동을 시켜 주었다.

이렇게 하면서 차츰 나의 일상생활이 안정을 찾기 시작했다. 매일 오전과 오후에 누군가가 와서 함께 걷고 운동시켜 주고, 밥도 먹여 주고 하면서 생활에 리듬이 생기기 시작했다.

정해진 시간에 요양보호사와 은영 씨가 오면서 시작된 규칙적인 생활은 건강을 회복하는 데 큰 도움이 되었다. 내 몸이 조금씩 나아지니까 마음에도 이전보다 활기가 생기는 것 같았다. 그런데 이상하게 몸무게는 계속 빠져서 아프기 전에 비해 10킬로그램이나 빠졌다. 내가 봐도 팔다리가 앙상하고, 얼굴 살도 빠져서 전에 없던 쌍꺼풀이 생길 정도였다.

요양보호사와 은영 씨는 남편과 가족들이 그랬던 것처럼 역기처럼 무거운 내 오른팔을 들고 꽃이 피고 나무가 우거진 단지를 한 바퀴 걷고, 마지막 코스로 벤치에 누워 팔 돌리기 운동을 하는 일과를 보냈다.

걷는 코스 중에 둥글게 빙 돌면서 경사지게 올라가는 길을 지나가려면 요양보호사나 나나 녹초가 되어 중간에 몇 번이고 쉬었다 올라가곤 했다. 최종 목적지인 분수 근처의 빈 벤치에 가면 큰 수건을 깔고 나를 눕힌 후 팔 돌리기 등의 운동을 시켰다.

"어디 아프세요?"

"병원 다녀오세요?"

"엄마, 저 사람들 뭐 하는 거야? 왜 그래?"

요양보호사와 내가 늘 두 손을 잡고 다니거나 벤치에서 운동하는 것을 보며 지나가는 사람들이 이상하게 쳐다보았다. 어떤 사람들은 다가와서 물어보기도 했다. 어린애들도 이상하게 보이는지 호기심 가득 찬 눈으로 엄마에게 물었다.

하기야 어른들이 환한 대낮에 손잡고 춤을 추고 노래하는 것이 사정을 모르는 사람에게는 '비정상'으로 보이는 게 당연할 법했다.

바태 스튜디오에서 가르쳐 준 방법대로 둘이 손잡고 '아리랑' 등의 노래를 부르면서 고전무용 비슷하게 춤출 때는 지나가는 사람들이 한참 쳐다보다 갔다. 더러는 "테이프 틀고 하면 더 신나요."라든가, "손 놓고 걸으세요." 하며 반 참견하듯 하기도 했다.

벤치에 누워서 팔 돌리기 운동을 할 때는 아파트 저 위의 높은 층에서 내려다보았는지, "거기다 아기 눕히지 마세요." 하며 주의를 주는 소리가 들리기도 했다. 또 어떤 사람은 누워서 팔을 돌리고 있는 것을 유심히 보다가 "기술이 좋네." 하기도 했다.

처음에는 그런 소리를 들을 때마다 부끄럽고 쑥스럽기도 했는데 내 몸이 좋아지는 치료라고 생각하고 개의치 않기로 했다. 오히려 무시하고 더 열심히 할 때도 있었다.

그렇게 산책과 운동을 하며 부르던 노래들을 손꼽아 보면 꽤 많은 것 같다. '아리랑'이나 '도라지타령' 같은 느린 노래에서 '밀양아리랑', '달타령', '아리랑 목동' 등 신나는 노래들까지 많이 불렀다. 은영 씨가 아는 노래를 말하면 가사를 검색하여 부르기도 했다. 처음 들어 본 '백세인생'이라는 구성진 노래가 있었는데 가사에 공감이 많이 갔다.

60세에 저세상에서 날 데리러 오거든/ 아직은 젊어서 못 간다고 전해라/
70세에 저세상에서 날 데리러 오거든/ 할 일이 아직 남아 못 간다고 전해라/
80세에 저세상에서 날 데리러 오거든/ 아직은 쓸 만해서 못 간다고 전해라/
90세에 저세상에서 날 데리러 오거든/ 알아서 갈 테니 재촉 말라 전해라/
100세에 저세상에서 날 데리러 오거든/ 좋은 날 좋은 시에 간다고 전해라/
아리랑 아리랑 아라리요/ 아리랑 고개를 또 넘어간다/
80세에 저세상에서 또 데리러 오거든/ 자존심 상해서 못 간다고 전해라/
90세에 저세상에서 또 데리러 오거든/ 알아서 갈 텐데 또 왔냐고 전해라/
100세에 저세상어 서 또 데리러 오거든/ 극락왕생할 날을 찾고 있다 전해라/
150에 저세상에서 또 데리러 오거든/ 나는 이미 극락세계 와 있다고 전해라/
아리랑 아리랑 아라리요/ 우리 모두 건강하게 살아가요

이 노래를 부르면서 '내가 아직은 저세상으로 갈 나이는 아니구나.' 하며 운동을 거 열심히 하게 되었다.

3부 모든 것을 다시 배우다 235

오른팔이 쑥 올라가네

"그런데 몇 주 침을 맞았더니 신기하게도 역기같이
무거웠던 오른팔이 위로 쑥 올라가는 것이었다.
더군다나 치료비는 천 원밖에 되지 않았다."

새로운 처방약과 약침의 효과

11월 13일 정신과 함봉진 교수의 첫 진료를 받으러 갔다. 신경과
가 아니고 정신과라는 것이 좀 마음에 걸렸지만, 우리는 그간의 증
상과 치료 과정, 바태 스튜디오에서 하는 운동, 먹는 약 등을 상세히
기록한 것을 보여 주었다. 매우 인상이 날카로운 의사였는데 전범석
교수의 의뢰가 있어서인지 진중하게 이야기하는 편이었다.

처방을 받고 약을 보니 알프람과 리보트릴은 같고, 렉사프로 대신
에 역시 항우울제인 센시발이라는 약이 있었다. 12월 11일에는 뉴
론틴 캡슐이라는 약을 새로 처방했는데 이것은 간질이나 발작에 쓰
는 약이었다. 이것도 리보트릴처럼 상당히 센 약인 것 같았다. 또 같
은 병으로 두 군데 병원에 다니는 것은 불편할 것이라며 한 군데에

236 근육이 마구 떨리는데 마음의 병이라니!

서만 진료받는 게 어떻겠냐고 했다.

내 생각에도 그쪽이 좋을 것 같았고, 남편 생각도 같았다. 남편은 11월 19일 박정이 교수에게 그간의 진료에 대해 감사를 표하고, 전 교수의 의뢰로 함 교수의 진료를 받기 시작했다고 이메일을 보냈다.

그런데 새로 만난 의사의 약이 나에게 잘 맞았는지, 약이 세서였는지, 아니면 바탕에서의 운동과 산책 등 다른 것들을 병행해서 그랬는 확실히는 모르지만, 새 의사를 만난 후 내 증상이 눈에 띄게 좋아지는 것 같았다. 오, 드디어!

그동안 침 잘 놓는 용한 한의원이 있으니 가 보자고 권하던 분이 있었다. 입원 검사가 끝나고 아무런 문제가 없다고 하자 침을 맞으러 가자고 했다. 5월부터 가자고 했지만, 그래도 양의가 낫겠지 하고 미루고 있던 참이었다. 연말 쯤에 마침내 그분과 약속하고 침을 맞으러 갔다. 워낙 침 맞기를 무서워했는데 어쩔 수 없었다.

한의원은 신사역 근처에 있었다. 소개한 분과 남편이 함께 갔다. 거기는 단순히 침이 아니라 약침을 놓는 곳이었다. 오른쪽 어깨가 아프다고 하니 엎드리라고 해서 엎드려서 침을 맞았는데 침 맞고 15분을 그 자세 그대로 있어야 했다. 너무 힘들어서 도저히 못 견디고 8분 만에 침을 끝냈다. 다음부터는 모로 누워 맞겠다고 하고 그런 자세로 맞았다.

3부 모든 것을 다시 배우다 237

그런데 몇 주 침을 맞았더니 신기하게도 역기같이 무거웠던 오른팔이 위로 쑥 올라가는 것이었다. 더군다나 치료비는 천 원밖에 되지 않았다. 그래서 바태 갔다 오는 길에는 꼭 그 한의원에 가서 침을 맞고는 했다.

동양의학에서 침이 중요한 줄은 알았지만, 이렇게 큰 효과가 있으리라고는 짐작도 못 했다. 이 한의원의 약침도 정말 큰 도움이 되었다.

그런데 오른팔이 움직이게 되자 이번에는 전에 힘이 쑥 빠진 느낌이 있던 후부터 저리고 차갑던 왼팔이 또 말썽을 부리기 시작했다. 무슨 요지경 속 조화인지….

희망, 그것은 꽃의 마음, 사람의 마음

"그러면 왠지 마음속으로 '조금만 더, 한 걸음만 더.'하면서
응원하고 있는 나 자신을 보게 된다.
아프기 전에는 보이지 않았던 모습들이다."

앞뜰정원과 눈 속의 매화

걷기 시작하면서 그동안 보이지 않던 것들이 보이기 시작했다. 아파트 단지의 나두 한 그루, 한 그루가 멋지고 예쁘게 보였다. 잘 보이지 않던 작은 꽃들도 눈에 들어왔다.

흠, 흠, 흠. 나도 모르게 치켜올린 턱에 코를 내밀고 향기를 좇다 보면 어느새 봄이다. 봄이면, 아니 봄이 되기 전부터 부지런한 꽃은 아파트 앞뜰정원의 매화다.

2월이면 분홍색 겹매화가 가지는 위로 뻗지 않고 아래로 축축 늘어지는 자그마한 나무에 피기 시작했다. 지난 겨울을 참기 힘들었는지 꽃봉오리가 성급하게 부풀었다. 그런데 그 위에 눈이 내려 그야

말로 설중매가 되었다. 얼마나 아름다운지!

살금살금, 가까이 다가갔다. 그러다 문득, 걸음을 멈추고 잠시 숙연함에 빠졌다. 추위에 꽁꽁 얼어 빨갛게 된 아기 뺨 같은 작은 꽃봉오리가 눈을 녹이고 있었다. 흰 눈 속의 그 선홍빛 아름다움은 온 힘을 다해 버티는 매화의 힘겨운 싸움이었던 것이다.

겹매화가 피고 나면 다른 매화들이 뒤따랐다. 흰색의 홑매화는 무엇보다 향기가 좋았다. 아파트 단지 여기저기에 매화나무가 많아서 봄이면 그 모습과 달콤하고 상큼한 향기로 인해 기분이 무척 좋았다. 꽃이 떨어지고 나면 잎이 나고 어느새 매실이 굵직굵직하게 달렸다.

봄을 알리는 꽃은 개나리다. 반포천의 피천득길 양쪽에는 벚나무와 함께 개나리가 한가득이다. 겨우내 잎사귀도 꽃도 없는 우중충한 겨울나무들만 보다가 어느 날 갑자기 노란 꽃잎을 뾰족 내민 개나리 한 송이를 보았을 때는 더없이 반가웠다. 산책할 때마다 그 노란 꽃봉오리가 잘 있는지 유심히 찾아보게 된다. 그러다 꽃샘추위라도 닥쳐 꽃봉오리가 얼어서 떨어져 버렸을 때는 안타까움에 발을 동동거리기도 했다.

조금 더 시간이 지나면 분홍색 수련이 연못에 솟아났다. 여름 내내 피어 있는 이 수련은 색깔도 예쁠 뿐 아니라 늘 단아하고 야무진 모습으로 싱싱하게 피어 있었다.

온갖 모양으로 물을 뿜어내는 분수도 이전보다 더 시원해 보였다. 하늘로 솟구칠 때의 분출하는 힘과 연못에 떨어져 내리는 물소리가 더없이 청량했다. 예전에는 그저 시끄러운 소리로 들렸는지도 모르겠다.

연못을 이리저리 누비며 다니는 청둥오리도 눈에 띄어서 한참씩 바라보았고, 이 연못에 빨강, 노랑, 흰색 등 알록달록한 색깔의 비단잉어들이 살고 있다는 것도 처음 알게 되었다. 가끔가다 바위 위에 올라와서 해바라기를 하는 자라도 보게 되었다. 혹시 거북인지도 모르겠지만.

나무 밑에도, 돌 틈에서도, 큰 꽃 아래에서도 작은 이름 모를 꽃과 풀들은 불과 며칠 사이로 저마다 자신의 시간을 한껏 뽐내고 지나갔다. 조용한 시간에는 새들의 노랫소리도 들려왔다.

이렇게 새롭게 발견되는 모든 것이 나를 즐겁고 행복하게 해 주었다.

아픈 이웃들과 나에게 보내는 응원

매우 공들여 꾸며 놓은 아파트의 정원은 내 병을 치유하는 데 큰 도움이 되었다. 특히 온갖 예쁜 꽃들이 다투어 피는 봄이 가장 화려하고 아름답다. 사실 그동안은 이 아름다움을 제대로 깨닫지도 즐기지도 못하고 살았다. 이사 온 후 매년 봄여름에는 프랑스에 가 있어서 우리 아파트, 아니 우리나라의 봄이 이렇게 아름다운 줄 몰랐다.

정말 '예전엔 미처 몰랐어요.'라는 말이 딱 들어맞았다.

봄뿐만이 아니라 가을 단풍은 더욱 기가 막히게 아름다웠다. 앞뜰 정원의 오솔길에는 아기단풍을 많이 심어 놓았는데 10월 말이나 11월이 되면 한 가지 색만 있는 것이 아니고 빨강, 노랑, 주황, 초록 잎사귀들이 서로 어우러져 그림 같은 풍경을 자아낸다.

가을이 깊어 낙엽이 오솔길을 가득 덮으면 분위기가 더욱 풍성해진다. 이번에 몸이 아파 날마다 산책하면서 여태까지 보지 못했던 모습들을 많이 보고 아름다움을 새로이 느끼게 되었다. 아픈 후에야 비로소 보름달을 쳐다보게 된 것처럼 말이다.

건강할 때는 몰랐는데 동병상련이라 그런지 이제는 아픈 사람이 눈에 많이 들어왔다. 아침 산책을 하다 보면 누군가 밀어주는 휠체어를 타고 아침 바람을 쐬는 사람도 있고, 보행기를 타고 비틀비틀 힘겹게 걸어 다니는 사람도 있었다.

한 부부가 눈에 띄었는데 아침마다 남편이 부인을 휠체어에 태우고 연못가 구름카페에 와서 같이 커피를 마셨다. 부인은 모자를 쓰고 고개를 푹 숙인 채로 힘들게 앉아 있고, 남편은 다정하게 커피를 주문해서 가져다 주고는 했다. 그들은 매일 아침 하루도 빠짐없이 나왔다. 남편분의 정성이 보통이 아니구나, 정말 대단하다 싶었다.

또 한 분은 자주 마주치던 휠체어 타는 할아버지인데, 50대 초반쯤 되어 보이는 여자 요양보호사가 늘 휠체어를 밀고 나타났다. 그 요양보호사와 잠깐 이야기를 나눴는데 2년쯤 일했다고 했다. 할아버지가 급하게 서두르는 걸 싫어해서 뭐든 천천히 해야지, 안 그러면 불호령이 떨어진다고 했다.

그 할아버지가 두 손을 잡고 다니는 나를 보고는 "손 놓고 걸으세요."라고 하고, 누워 있는 나를 보고는 "워킹을 하세요, 워킹을!" 하고 말씀하셨다. 자신은 휠체어에 앉아 있으면서 말이다. 아마도 자신이 놓쳤던 아쉬움을 나한테나마 조언해 주려는 마음이셨을 것이다.

어떤 10대나 20대로 보이는 단발머리 여성도 있었다. 걸음걸이가 쉽지 않았다. 앞에서는 보행기를 단단히 잡고 뒤에서는 다른 사람이 그녀를 붙잡아 주었다. 힘겹게 발걸음을 옮기며 비틀비틀 위태롭게 걸었다. 그러다 계단이라도 앞에 닥치면 마음이 쿵, 하고 내려앉는다.

겨우 서너 개나 될까 하는 계단을 다른 사람의 부축을 받고 한 칸한 칸 몸을 떨며 올라가는 모습을 보면, 내가 저랬는데 하는 생각에 울컥해지기도 했다.

그러면 마음속으로 '조금만 더, 한 걸음만 더!'하면서 응원하고 있는 나 자신을 보게 된다.

아프기 전에는 보이지 않았던 모습들이다.

에필로그

기능성 이상운동증후군을 이야기로 엮은 이유

이 책을 마무리하면서 아내와 나는 이런 생각을 나누고 있다. 코로나19와 그 변이들이 맹위를 떨치는 상황에서, 과학이 발전한 만큼 세상은 더 명료해졌는가? 의학이 발전하면 삶이 더 안전하다고 말할 수 있을까? 누구도 '그렇다.'라고 단정하기 힘든 문제다. 아는 것이 많아지면 모르는 것도 더 많아진다. 역설이지만 진실이다. 과학이 발전할수록 불확실성에 대한 성찰의 수준은 높아져 왔다. 백신이 개발되면 바이러스는 다시 자체의 변이로 이에 도전한다. 의료 지식과 기술로 질병을 치유하지만, 한편에서는 설명할 수 없는 새로운 질병에 부딪히고 좌절한다. 이상운동증후군도 그 한 보기라고 생각된다.

주위를 보면, 젊은이들 가운데서도 정확하게 병명을 알 수 없는 증후들로 고생하는 사람들이 적지 않다. 숱한 의료 검사, 실험을 해도 특별한 문제가 없는 것으로 나오는데, 몸은 불편하다. 구조적인 원인을 찾지는 못하지만, 기능적으로 몸이 망가지는 경우를 뜻한다.

기능성 이상운동증후군 이야기를 책으로 엮은 이유는 병명이 모호한 증후들에 시달리면서 환자가 겪는 방황과 혼돈, 가까스로 찾아가는 작은 출구, 변화하는 병의 패턴, 환자 혼자서는 풀기 어렵고 가족의 도움이 중요하다는 점을 쉽게 서술하기 위해서다. 정확하게 원인을 찾고, 효력이 입증된 약으로 투병하는 과정을 적은 것이 아니다. 캄캄한 암흑에서 시행착오를 거치면서 깨닫는 질병의 정체와 이에 대응하는 길을 찾아가는 과정을 담아내고 있다.

이 여정에서 부딪친 최초의 큰 혼란은, 난폭한 목 근육의 떨림이 계속되는데 우울증 등에 적용되는 약을 복용한 것이었다. 솔직히 환자의 의지와 무관한 끔찍한 육체의 비자발적 운동이 마음의 병이라는 설명을 받아들이는 것도 어려웠다. 더욱이 약을 복용하면서 상태는 더 나빠지는 것처럼 보였다. 이 결과, 백가쟁명의 시대라 할까, 가족들은 이곳저곳에서 용한 의사를 물색하기 시작했다. 이리 가자, 저리 가자, 각자가 찾아낸 최선의 건강법을 주장했다. 다들 환자를 돕겠다는 순수한 마음이기에 누구도 탓할 일은 아니었지만, 분위기는 어수선해지고 오히려 불안과 공포는 커져만 갔다.

이때 나는 결정을 내렸다. 아니다! 이리저리 가는 것은 시간의 낭비요, 피곤한 일이다. 의사를 믿지 못하면 병은 낫지 못한다. 가족이 해야 할 일은 의료 지식이나 정보를 제공하는 것이 아니다. 그 몫은 의사에게 맡기고 대신 환자의 마음 안에 불안과 공포가 자라지 않도록 진심으로 위로하는 것, 좋은 기억, 밝은 미래를 이야기하며 일상생활의 불편을 덜어 주기 위해 최선을 다하는 것이다. 내가 모든 것을 내려놓고 전력을 다할 것이니 내 뒤를 따라라. 이렇게 해서 집안에 질서가 생겼다.

이 책은 사실 우리의 육체와 정신, 몸과 마음이 어떻게 엇물려 작동하는가를 체험으로 풀어가는 것에 의미가 있다. 물론 이 모든 것이 한 방향으로 작동하는 것은 아니다. 근육이 떨리면 마음이 불안해지고 그러면 근육이 더욱 떨리는 악순환의 관계가 있는가 하면, 마음이 안정되면 몸이 덜 떨리고 그러면 마음이 더욱 편안해지는 선순환의 관계가 있다. 의사를 만나거나 예정된 일을 할 때는 마음이 거기에 집중되기 때문에 근육의 떨림이 느껴지지 않는다. 걸으면서 시원한 바람을 쐬면 발동작이 온몸에 연쇄 반응을 주어, 마음도 즐겁고 무거운 몸도 가벼워진다. 이렇듯 몸과 마음이 서로 엇물려 작동하고 그 방향은 수시로 변한다.

우리가 체험한 것은 정확한 인과 관계는 알 수 없지만, 마음에 스트레스가 쌓이고 뭉쳐 누적되면 정신 질병이 아닌 형태로 나타날 수 있다는 것이다. 근육이 떨리고 어깨가 돌처럼 굳어지며 팔이 허리에 붙어 떨어지지 않는 기능 장애가 생길 수도 있다. 이 병을 이기려면 의사에 대한 신뢰가 필수적이지만 처방된 약만으로는 부족하다. 환자가 내면에서 느끼는 불안과 공포를 따뜻이 감싸는 가족 공동체가 절대적이다. 이 척은 이런 메시지를 담고 있다.

프롤로그를 이 책의 주 저자인 아내가 썼기에 에필로그는 공동 저자로 간병인의 역할을 하고 있는 내가 쓰며 글을 마감하고자 한다. 무엇보다 이야기로 엮은 이 책이 비슷한 증후로 고생하는 환자나 가족에게 조금이라도 도움이 되기를 바라며, 그렇게 된다면 더할 나위 없는 큰 기쁨이자 보람이 되겠다.

2022년 6월
한상진